もっと愛されるために――スローセックスからの贈り物

はじめに

私が「アダム徳永」として、初めてセックスに関する本を出版したのは2003年のことです。東京・六本木に世界でも類を見ないセックスを教える学校を設立して、一般の男女にセックステクニックを教えつつセックスの研究を重ね、スローセックステクニックを確立しました。早いもので、かれこれ15年以上、男女の理想とするセックスの普及に従事してきたことになります。

そうした活動を通じて、これまで私は数多くの女性から悩みを聞いてきました。

不感症だと思い込んでいる女性、男性の乱暴な愛撫でカラダを傷つけられてセックスが嫌いになった女性、そしてセックスレスのカップル……。

セックスで悲しい思いをしている彼女たちに共通しているのは、間違ったセックスをしてきたということです。

そして、その原因のほとんどは、パートナーである男性の性知識の欠如と、誤解や思い込みに起因したものなのです。

「一刻も早く挿入して射精したい」

「刺激が強いほど女性は感じる」

こうした男性の自分勝手な性欲と無知が、私に言わせれば幼稚園レベルのセックスをさせているのです。

オッパイを揉んでクリトリスを舐めて、挿入したらピストンして数分でイク。

セックスの所要時間は20分程度。こんな男性本位の行為で、気持ちよくなれというほうが無理な話です。

明らかに女性は被害者です。

それでも受け身や忍耐を美徳とする心やさしき大和撫子たちは、本能に毛が生えた程度でしかない男性の未熟なテクニックを甘受してきました。

「早く終わってほしいから、気持ちよくないのにイッたふりをする」

といった意見はその典型でしょう。

あえて当たり前のことを言います。

セックスは気持ちいいものなのです。

女性にスローセックスをするとよくわかりますが、男性の性感が局部に集中しているのに対して、女性のカラダは、髪の毛から足のつま先まですべてが性感帯です。

しかも男性と比較できないほど高い領域で快感を得ることが可能です。

これはなぜでしょう。

私はこう思うのです。

女性のカラダは男性に愛されるために神様につくられたのだと。

そしてセックスは、神様が人間にくださった最高のプレゼントなのだと。

最高のセックスを味わうためには、女性も男性もそのための技術を身につけなければなりません。これは一流のスポーツ選手が一流足りえるために一流の技術を習得しているのとまったく同じことです。

しかし裏を返せば、相手さえいれば誰にでもできるセックスは、その容易さから本能に流されやすい行為でもあります。

技術の習得と並行して、官能のメカニズムを知り、論理的にテクニックを展開させることが重要になってきます。

本書の目的は、私が提唱するスローセックスのメソッドと、独自に開発したテクニックを女性であるあなたに知っていただくことで、「女は受け身」「セックスは射精で終わる」といった間違った価値観をリセットして、セックス本来の素晴らしさに目覚めていただくことにあります。

セックススクールを運営していたころ、私は男性受講生に、「射精の放棄」を命じました。

「エッ、射精をしない⁉」

皆さん、びっくりされます。

あなたも驚かれたと思います。

しかしこれこそスローセックスの第一歩なのです。

男性自らが射精という区切りをなくし、女性のあなたとともに時間を忘れ、精神を解放して官能世界に没頭することで、はじめて高レベルの快感を長時間にわたってむさぼることが可能になるのです。

既存のセックス指南本や、AV男優を手本にした間違いだらけのテクニックは頭の中から消去してください。

そして私を信じて、真っ白な気持ちで、本書と向き合ってください。難しいテクニックは一切ありません。

セックスに対する考え方をファストからスローにシフトチェンジするだけで、今までに味わったことのない、とろけるような官能世界の扉が開くのです。

本書を読み終えたとき、新しい自分にあなたが出会えていることをお約束します。

もくじ

装丁　マツダオフィス
イラスト　沖野雅明
本文DTP　NOAH
校正　鴎来堂

第1章

あなたを不幸にするセックス

セックスの悦びを知らない女性たち

あるとき、某女性誌のセックス特集を見て、私はとても悲しくなりました。というのも、女性読者（400人を対象）の7割以上が「セックスに不満がある」と答えていたのです。

もしかすると、あなたも、「それって普通なんじゃないの」と思われているのかもしれません。

しかし、セックスセラピストとして数多くの女性にと関わってきた私の実感とはおよそかけ離れています。

本来の女性は、男性には想像もできないほど、深遠な性感の持ち主です。官能にカラダをくねらせる姿は神々しいまでに美しく、快感が頂点に達すると、普段の姿からは思いもよらないほどの絶叫で昇りつめます。

男女の快感レベルのあまりの違いを目の当たりにするたび、男である私は、神さまに文句を言いたいくらいです。

私が悲しく思うのは、女性が本来持っている性感の可能性と現実とのギャップの大きさです。実際には、〝7割〟という数字以上に、一般女性のセックスに対する不満は大きいのではないでしょうか。

読者の中には、ちゃんと「イク」も経験しているし、今の彼とのセックスに満足しているという方もいらっしゃると思います。

しかし、残念ながら、これまであなたが経験してきた快感レベルは、あなたの上限ではないと断言します。

なぜなら、ほとんどの男性が、本能に毛が生えた程度のセックスしかしていないからです。

「とにかく早くペニスを入れたい、そして発射がしたい」

これが一般男性の本音です。

胸とアソコにチュバチュバと吸いつくだけの、愛撫とは名ばかりの行為で、女性が本当の官能に到達できるわけがないのです。多くの女性が、まだまだ未知の領域があることに気づいていません。

つまり本当のセックスの悦びを知らないでいるのです。

最高の快感を享受できる才能を持っているのに、それを経験できない。

これほど不幸なことがあるでしょうか。

人生は一度きりです。たった一度の女としての人生を悔いなく充実して生きるために、本当のセックスの素晴らしさを、私はあなたに知ってほしいのです。

男性の無知が性感脳を閉じる

ほとんどの女性が本当の性の悦びを知らないのは、男性が性に対して無知だからです。無知だけならまだしも、あきらかに間違った知識を「正しい」「それが普通」と思い込んでいます。もっとも典型的なのは、「女性は激しい愛撫ほど感じる」という思い込みです。人間はどうしても自分を基準に考えてしまうので、男性は自分がマスターベーションするときの力加減を、そのままクリトリスの愛撫に当てはめてしまうのです。

たとえ女性が痛がっていても、その強さが気持ちいいものだと信じて疑いません。場合によっては、苦痛に歪めた女性の表情を「感じている」と錯覚して、ますますゴシゴシとやってしまう。

女性の性感が極めてデリケートな存在であることを知らないのです。

これは挿入後も同じです。

多くの男性が、とにかくペニスで膣をガンガン激しく突けば、女性は悦ぶものだと思っています。

その無知と、射精に突き進む本能が合わさって、男性たちはわき目も振らずに腰を振り続けるのです。

相手の反応を注意深く観察し、一つひとつの性感帯を確認しながらゆっくりと愛撫を進めていくのがセックスの基本ですが、未熟な男性には、そんな余裕すらありません。

ひたすら射精に向かって突き進みます。

よほど感度のいい女性でなければ、こんな稚拙な行為で官能することはありません。

気持ちよくて当たり前のセックスが気持ちよくないということだけでも十分に不幸です。

私はそれだけで神聖なセックスに対する冒とくだと思いますが、不幸はこれで終わらないのです。

男性は自分のハードな腰使いに満足しきりで、「どう、気持ちよかった?」「イッた?」などと、それはもうしつこく聞いてくるわけです。あなたにも経験があるかもしれませんが、そう聞かれたら、感じていなくても、「気持ちよかった」と答えるしかないですよね。

当然、次のセックスもリラックスした楽しい気持ちで臨《のぞ》むことはできなくなり、次第にセックス自体がおっくうになってきます。

私は、性感を司る脳神経を「性感脳」と呼んでいます。

女性にとってセックスが楽しみな行為だと思えなくなると、性感脳が閉じてしまい、女性の感度は鈍ってきます。

いわゆる「感度が悪い」状態です。

一度、この悪いサイクルに入ると、男性がいくら頑張っても、女性の脳は男性からの愛撫を快感と認識できなくなってきます。

すると、「強い刺激ほど感じる」という間違った情報をインプットされている男性は、もっと強くしなければと、今まで以上に女性のデリケートなカラダを乱暴に扱います。

もう快感どころか痛みしかありません。

ますます女性は性感脳を閉じてしまうという最悪のシナリオに進んでいくのです。

この悪循環は、ときにはそれまで普通に感じていたカラダを、不感症にしてしまうことさえあります。

今、世の中に蔓延するセックスレスは、男性の女性に対する思いやりの欠如と、性の無知が生み出した病理に思えてなりません。とても残念なことです。

射精のこだわりが招く未熟なセックス

若いころなら、好きな相手と裸で抱き合っているだけで幸せということもあるでしょう。10代のカップルが親の目を盗んで、こっそりイチャイチャしている光景は、微笑ましいものです。

しかし、その時期を一定期間過ごしたら、初級レベルは卒業して、中級、上級へとセックスを深めていかなければいけません。

しかし残念ながら現実は、覚えたての段階で止まってしまうケースが目立ちます。

本当なら男性は、性欲と異性への好奇心が肥大化して突っ走ってしまう初級レベルから、自分の指や舌やペニスで女性をイカせるという経験を重ねていくなかで、テクニックに磨きをかける中級レベルに進み、やがては女性が官能する姿を愛しいと感じ、女性を悦ばせることこそセックスの一番の楽しみであることに気づく上級レベルへとステップアップしていくはずです。

女性の官能に喜びを見いだせば、男性は自分が射精することにそれほどこだわらなくなっていきます。

すると膣への挿入も、「ペニスによる膣への愛撫」というように考えることができるようになってくるのです。

経験を重ね、ふたりで愛を育んでいくなかで起きるこうしたステップアップは、地を這っていた幼虫がやがて脱皮して空に羽ばたくような、とても自然なことです。

少年から大人の男になるとは、そういうことなのです。

しかし現代の男性はいくつになっても射精へのこだわりを捨てることができません。

近年、成人式で暴れる若者たちがメディアにとりあげられますが、セックスにおいても幼稚化は進行しているようです。

嘆かわしい限りです。

前戯という言葉がもたらす誤解

お互いに時間を忘れてセックスを楽しむことが、スローセックスの大切な約束事のひとつです。愛し合うカップルが快感をむさぼり合い、悦びをわかち合うためには、十分な時間が必要です。「時間を気にしなくていい」というゆとりが心をリラックスさせて、愛撫を効率的に快感に変化させるカラダに育ててくれるのです。

この項で私が問題にしたいのは、現在、一般的に使われている「前戯」という言葉についてです。セックス特集の記事などでよく見かけます。「最低でも30分以上は前戯してほしい」（26歳・OL）というような使われ方でしょうか。

もちろん、前戯は短いより長いに越したことはありません。

男性側も、前戯の重要性をネットや男性誌などから得た知識として持っている場合、平均よりは時間を費やしてくれるでしょう。

けれども、今まで行われてきた前戯は、女性の膣が潤うまでの準備としての行為にすぎないのです。

少し乱暴な言い方をすれば、前戯にたっぷり時間をかけてくれる優しい男性も、5分足らずの前戯ですぐに挿入しようとする男性も、前戯を「膣を濡らすためのもの」と考えている時点で大差はありません。

様々な指南書で、大切な行為としての位置づけにありながら、私に言わせればセックスの本質を欠いた「前戯」という言葉。そしてあたかもセックスの正しい手順であるかのように紹介されてきた〔前戯→挿入→射精〕というステップ。

こうした男性本位な価値観から生まれた概念が、女性からセックスの自由を奪ってきたのです。

これまでの概念を打ち破り、時間の呪縛から解放されるためには、発想の転換が必要です。

私は常々、前戯という言葉を廃止すべきだと訴えています。

人間は言葉から物事を考え理解します。

前戯という言葉が存在する限り、前戯はセックスの最初にする愛撫、挿入の前にする行為という概念を捨てきることはできません。

そこで私は、前戯に代わる言葉として、「愛戯」という新しい言葉を提言しています。

挿入の前とか後とか挿入中だとか、そういった愛し合うふたりの大切な時間を何かで区切るような考えは今すぐリセットしてください。

女性も男性も時間が許す限り相手のカラダを愛撫し合う、つまり「相互愛撫」こそがセックスのメインディッシュなのですから。

時間の短いジャンクなセックス

セックススクールを運営していたころ、受講する男性の方には、カウンセリングの前に、セックスに関するアンケートに協力していただいていました。

多くは、「セックスに自信がない」「女性をイカしてみたい」という理由で受講されるわけですが、そんな彼らに共通しているのが、セックスにかける時間が根本的に短すぎるということです。

前戯15分、挿入から射精までが3〜5分というのが平均です。

女性にとってのセックスの三大不満は、「早漏・ワンパターン・前戯が短い」ですが、所要時間20分のセックスでは、どうしたって3つの不満にあてはまってしまいます。

セックスにかける時間の短さは、テクニック以前の大問題です。

しかし、その間違いに世の男性は気づいていないのです。

もし気づいていたとしても、「とにかく早く入れたい」「そして射精したい」という男性の衝動が前戯をいい加減なものにします。

そして、日本人男性の7割以上といわれる「早漏」が、女性が理想とする挿入時間とはあまりにも違う結果をもたらしているのが現実なのです。

私は、スローセックスの対極にある、男性本位で自分勝手なお粗末なセックスを、「ジャンクセックス」と呼んで批判し続けています。

何度でも言いますが、たった20分程度のセックスで女性が感じるわけがありません。ジャンクセックスを平然と行う男性たちは、女性を性欲処理の道具としか見ていないと言われてもしかたありません。

と言うと、心優しき日本女性から、「私のカレは、私のことをオナニーの道具だと思うような酷い男性なんかじゃありません。

だって普段はすごく優しくしてくれるし、いつも私の話を真剣に聞いてくれるし……」という擁護論が出てくるかもしれません。

では、言い方を換えましょう。

セックスほど、男女の違いが明確に出るものはありません。

性差として、男性には射精というわかりやすい快感があります。

その自己満足のせいで、パートナーが自分とのセックスで満たされていないという現実を見えないものにしてしまいがちな生き物なのです。

私が強く指摘しておきたいのは、不満や悩みを持つ、女性自身がアクションを起こさない限り、彼らは反省も復習もないまま、この先ずっと、ジャンクセックスを拡散させていくという現実です。

考えてもみてください。

たとえば、前戯の時間をいつもより少し長くするということが、そんなに難しいことでしょうか？

勉強でもスポーツでも、もっとうまくいくようにしようと思えば、まずは費やす時間を増やそうと思うのは、ごく当たり前のことです。

しかし現実問題として、「セックスの時間が短い」という女性からの不満は後を絶ちません。

普段は誰もが当たり前に自分の行動の基準にしている〝時間〟の概念が、まったく不思議なことですが、セックスでは欠落しているのです。

これは男性だけではなく、不満と感じている女性にも言えることです。

たびたび誤解されるのですが、私が提唱しているスローセックスは、単なる長時間セックスを指すものではありません。

しかし、今のセックスに満足していないのなら、そして女性としてこの世に受けた生と性をもっと豊かなものにしたいのなら、一刻も早くジャンクセックスから卒業する努力をしてください。

具体的には、セックスを男性まかせにしないということです。

ＡＶをセックスの教科書とする男たち

かなり前の話になりますが、セックスの達人ということでアダルトビデオ（以下ＡＶ）に出演したことがあります。これもよい経験だと出演を承諾しました。

しかし、ＡＶの現場に足を踏み入れて、映像の表と裏で、こうも女優さんの反応にギャップがあるのかと驚いたことを今でも鮮明に覚えています。

もっとも顕著だったのが、今や当たり前になった「潮吹き」のシーンでした。

男優が女性の膣を荒々しく掻き出すと、「アー、イクー」という絶叫とともにアソコから液体が吹き出すというＡＶ的にはごくごく見慣れた光景です。

そこで私は、潮を吹いた女優さんに後で聞いてみたのです。「気持ちよかった？」と。なんと言ったと思いますか？

それは、「いいわけないじゃん。痛いだけ。仕事だから……」でした。

彼女はさらに声をひそめて教えてくれました。

「血を流して病院に行くコ、何人も知っているよ」

世の男性は、ＡＶ女優たちの文字通りカラダを張った演技と、プロたちの巧みな演出に騙されていることにまったく気づいていません。そして、今やネットで見放題のＡＶで、「自分も試してみたい」という衝動を抑えることができないのです。

男性のオカズという明確な使用目的のあるAVですから、当然、そこには男性の妄想が詰まっています。様々な陵辱的なシーンが展開されます。一言で言えば、愛撫が強いのです。

女優さんが病院送りになってしまうことさえある潮吹きはもちろんのこと、オッパイを乱暴に揉みしだき、セックスマシーンのように激しく膣を突くピストンが見せ場を盛り上げます。

こうした男性たちの視覚効果に訴えるためのAV的愛撫が、「一般女性も激しい愛撫ほど感じる」という大きな誤解を、ますます男性に植えつけていくのです。

最近は、女性もAVを観る機会があると思います。そのときの反応は人それぞれでしょうが、多くは「気持ち悪い」というものでしょう。たまにAVに興奮を覚える女性もいますが、「もし私がこんなことをされたら……」という妄想世界を遊ぶものであって、現実はNGという人がほとんどです。

もちろん、「激しい愛撫が好き」という女性はいます。しかし、それは十分に快感の扉が解放された後での話。少なくともセックスの入口部においては、女性の性感を高めるために必要なのは微妙で優しい愛撫です。AVセックスをリアルに捉えてしまう未熟な男性。

正しい性教育や、性文化の伝達がちゃんと行われず、AVが若い男性にとってのセックスの教科書的存在になっている現状が、女性を不幸にしているのです。

名器神話が女性を不安にさせる

男性が、自分のシンボルの大小やその機能に強いこだわりを持ち、場合によってはコンプレックスを抱くように、自分の性器について悩んでいる女性を少なからず見受けます。「人よりも小陰唇が大きい」「左右の大きさが違ってグロテスク」「色が黒ずんでいる」などなど。性器が露出している男性と違い、他人の性器と比べる機会が少ないことで余計に気がかりなのかもしれません。しかし、もしあなたが自分の性器を「可愛くない」と思い悩んでいるのだとしたら、まったく心配はありません。

いろいろな形や色をしていて普通なのです。そして、女性から見れば可愛くなくてグロテスクな性器ほど、成熟した男性の脳にはセクシーに映るのです。ちなみに、大きな小陰唇は挿入の際にペニスに優しく絡みついて気持ちがいいものです。

ただ、やっかいなのはアソコの具合に関する悩みです。本当に私はカラダが震えるほど怒りを覚えるのですが、「おまえのアソコ、ゆるいんじゃないの?」などといった心ない言葉を吐く男性が世の中にはいます。こんなひどいことを言われて傷つかない女性などいるはずがありません。私が相談を受けたケースでは、男性に「ゆるい」と言われて傷つき、いくつもの産婦人科をまわったという女性がいました。最後は大人のオモチャ屋で小さなバーベル状の膣圧を強める器具を購入し、涙ぐましいトレーニングをされたと言います。

しかし、彼女を私が実際にチェックしてみると、まったく標準で、感度も良好。

断言しますが、世の中に「名器」など存在しません。研究のために約1000人の女性とセックスしてきた私が言うのですから間違いありません。

ミミズ千匹、カズノコ天井、キンチャク、タコ壷……。官能小説などで目にする、こうした名器を持った女性が本当にいらっしゃるのであれば、私が紹介していただきたいくらいです。

確かに、入口の締りがよくて、指一本ですら挿入しづらい女性はいます。

しかし、奥まで挿入してみればみんな普通。平均の範囲内です。

そもそもスローセックスにおいては、膣内の多少の違いなどまったく問題にはなりません。

名器なんて男性の妄想が生み出した妖怪伝説のごとき作り話です。

女性経験が少なく、無知な男性ほど、こういったウソの情報に騙されてしまいます。

そんな男性は相手にするだけ時間の無駄です。

性の悩みは誰にも聞けないあなた

今、あなたがパートナーとのセックスに不満や悩みがあったとしましょう。

その問題を解決するために母親や女友達に悩みを打ち明けられますか。

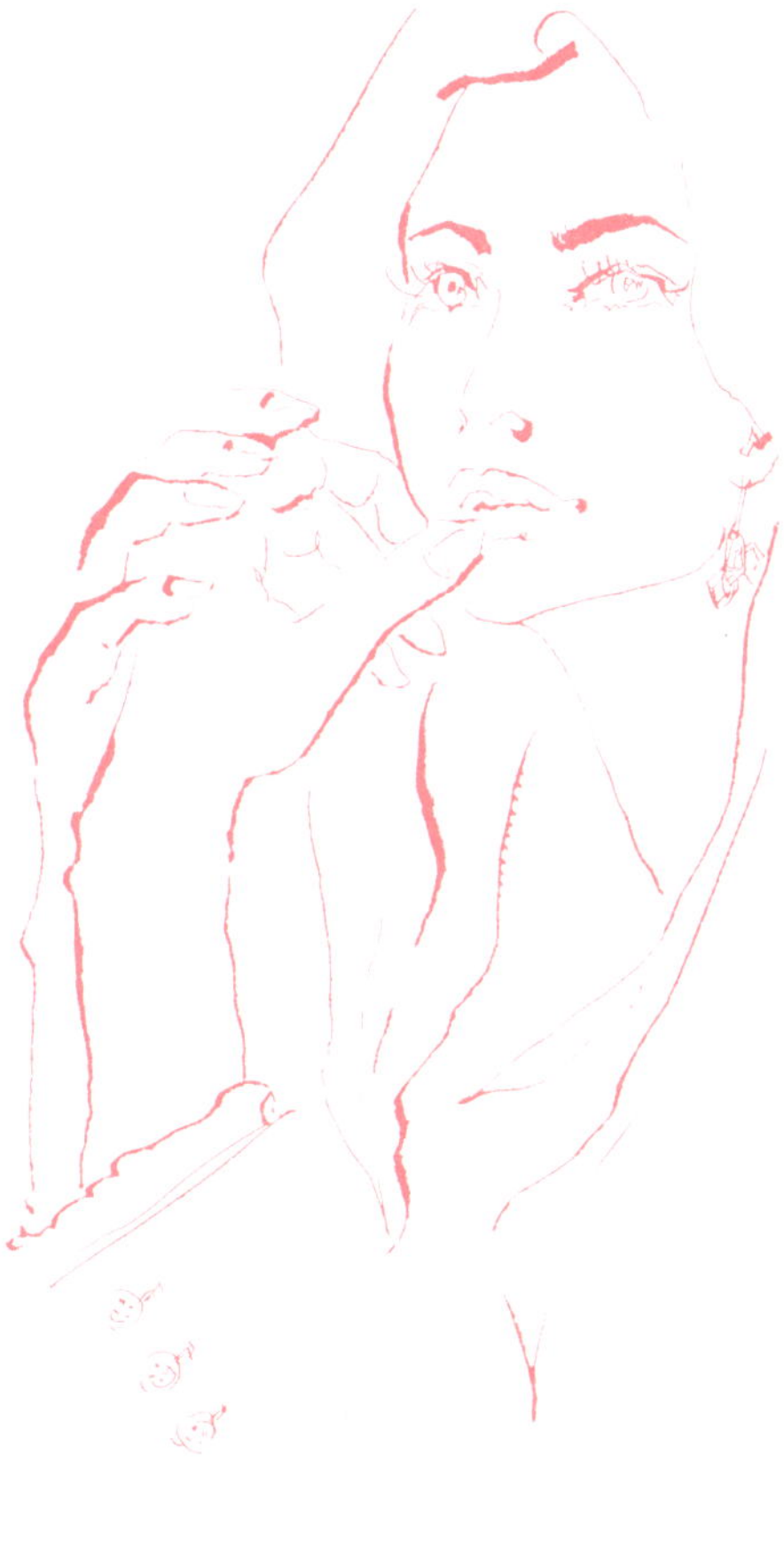

きっと誰にも相談できず、ひとりで抱え込んでしまい、解決の糸口も見つけられないまま鬱々《うつうつ》と日常を過ごしてしまうのではないでしょうか。そうなのです。これほど性の情報が溢れかえり、女性の性はおおらかで奔放になったと言われる現在でも、セックスの悩みを相談するのは恥ずかしいことだという空気がまったりと横たわっているのです。

恋愛相談なら、あれほど話の花が咲き乱れる女子会でも、セックスの問題になると突然シーンとしてしまいます。親しいからこそ知られたくない、恥ずかしいという気持ちが強く作用します。あなただけではありません、みんな同じです。

セックス以外の悩みなら一番の相談相手になってくれる親や友達といった身近な人ほど余計に相談しづらいという話は、本当に良く耳にします。

私の元にはよく相談メールが届きますが、それは私のような第三者のほうが話しやすいということの表れでしょう。けれども、私のように性の知識が豊富で、なおかつ普段の生活とも仕事とも関係ないという、そんな都合のいい第三者が、そうそう悩める女性の近くにいるはずもありません。

ではどうするか。当たり前のことですが、セックスの問題を解決するには、勇気を持ってパートナーと真剣に話し合うことが一番大切だし、それが問題解決の一番の早道なのです。

それにしても私は、セックスのことを気軽に話せる土壌が日本社会にないことが、不思議でなりません。初恋、恋愛、初体験、結婚、出産……。決してセックスがすべてとは言いませんが、セックスは人生の幸福を左右する、人間の根幹とも言えるとても重要な問題です。

もっと言えば、人類に今の繁栄があるのも、セックスが連綿と命を繋《つな》いできたからです。にもかかわらず人間はセックスの問題を、昔から現在に至るまで、汚いものに蓋をするかのようにタブーとして扱ってきました。したがって日本古来のおおらかな性の伝統はまったく伝わらず、女性の性の深さを私たちは知ることができませんでした。

私は、性の問題をタブー視してきた不幸な歴史に終止符を打ちたいのです。

何の工夫も努力もしないカップルに、よいセックスも深い官能もありません。

セックスと真正面から向き合ってください。そしてパートナーとは、セックスのときだけでなく、日ごろからお互いの悩みや希望を話し合うようにしてください。日常的に気兼ねなくセックスの話をする。スローセックスは、そんな何気ない日常から始まるのです。

逃げ場がない生真面目な女性たち

セックスレスカップルの増加が止まりません。セックスの素晴らしい本質を知っている私にとって、とても悲しいことです。夫婦の性が断絶する一方で、不倫に走る女性が数多く存在します。倫理的には許されないことかもしれませんが、女性の立場に立ったとき、私には彼女たちの気持ちがとても理解できるのです。

お互いに仕事が忙しくてすれ違いの生活が続く、または妊娠や出産を契機になど、愛し合って結婚した夫婦なのに、いつの間にかセックスレスになってしまう落とし穴はさまざまあります。そして一度セックスレスが普通になってしまうと、女性のほうが、「やっぱり私はセックスがしたい」と思っても、それを言いだすのはなかなか難しいことです。

夫婦だからセックスするのは当たり前なのに、「セックスしたい」と夫に言っても、「仕事で疲れているから」と拒否されたり、「お前はセックスのことしか頭にないのか」などと淫乱呼ばわりされたり。これが3回も重なると、もう女性からは何も言えなくなります。「それならちょっと出会い系を利用してみようかしら？」という気になっても不思議ではありません。

言うまでもなく、セックスは愛する者同士でするのが一番気持ちいいものです。しかし、愛している人とセックスできなかったり、セックスしても満足な結果が得られなかったりしたとき、本音を吐露すれば、別のパートナーを探すことを私はまったく否定しません。

セックスレスでセックスができない女性のストレスは半端なものではありません。浮気や元カレとのリサイクルセックスで、少しでも心やカラダが満たされ癒やされるのであれば、どんな権利で他人がそれを否定することができるでしょう。

私たちはみんな、幸せになるためにこの世に生を享《う》けました。

もちろん責任は負わなければなりませんが、たとえ浮気であっても、それで女性が女性としての輝きを取り戻し、幸福を感じるなら、我慢し続ける人生よりも尊いと思うのです。

しかし、性格が生真面目な女性の場合、問題は深刻です。

浮気という〝逃げ道〟がないため、ストレスを全部抱え込んでしまうのです。

26歳で、まだ新婚なのにセックスレスになってしまい、そのストレスが原因で、うつ病と円形脱毛症を患った女性がいました。美徳とされる貞淑さが仇になったのです。

病院では治してくれません。もちろん、真面目な女性に、「たまには浮気でもしてみれば」などというアドバイスは無責任な軽口でしかないでしょう。ちなみにこのケースでは、彼女の夫に来てもらい、三者面談でなんとか解決することができました。

こういった不幸は、氷山の一角どころか一点にすぎないのです。

大して変わらないテクニシャンと童貞

男性にもいろいろなタイプがいます。イケメンで10代のころからモテまくって、女性経験も豊富で自分のテクニックに自信満々な男性。性格的にオクテだったり、ペニスの大きさや機能に自信がなくて女性経験も少なく、セックスが下手だと思い込んでいる男性。

ここであなたに聞きます。あなたはどちらの男性が好みのタイプですか？

そう聞かれれば、ほとんどの女性は、「遊び人風の男は嫌だけど」という条件つきで、セックスに自信のあるイケメンを選ぶと思います。

しかし、自称テクニシャンの男性には本当に申しわけないのですが、私が提唱するスローセックスの前では、自称テクニシャンも経験値ゼロの童貞君も大差ないのです。

わかりやすい事例として、32歳まで童貞だった男性の話をしましょう。

彼はごく普通のサラリーマンで、見た目はモテないタイプではないのに、おとなしい性格と女性との出会いがない職場環境から、その年まで童貞を守ることになってしまいました。彼は私の指導のもと、みるみるテクニックをマスターして、3回の受講（計6時間）で完全にマスターしてくれました。「あとは実践あるのみ。頑張ってね」と私は送り出しました。それから2カ月後、彼からこんなメールが届きました。

「先生、悩みがあります。実は今、ふたりの女性とお付き合いしています。どちらもセックスの相性が抜群で、選べなくて困っています」

二股はよくないので、どちらかひとりにするよう助言しましたが、いずれにしてもまさに一発大逆転です。

セックスに対する自信が、32歳の童貞君に愛があふれる人生を与えたのです。きっと彼は人間的にも成長して、近い将来、最愛の伴侶を自分の判断で見つけてくれることでしょう。

絶頂に対する大きな誤解について

セックスはそれ自体とても気持ちいいものです。しかも本当に気持ちいいセックスは疲れるどころか逆にカラダに活力を与えてくれるのです。やる気がみなぎり生活に張りも出てきます。そして心もカラダも満ち足りた、とても幸せな気持ちにさせてくれます。

これは心とカラダが密接につながっていることの証明でもあります。

気持ちのいいセックスは、生きたいというモチベーションを高めてくれます。

そして、妬み、恨み、不満や焦りといったマイナスの感情をカラダから浄化し、優しさ、思いやり、気配り、慈愛といったプラスの感情を育んでくれるのです。

お金、地位、名誉……、世の中にはいろいろな幸せの形がありますが、セックスの幸福は、セックスでしか得られないとても大切なものです。仕事の達成感や夢がかなったときの喜びとも違う、まさにセックスでしか得られない幸せがあるのです。

そういう意味で私は、「セックスは神さまが我々に与えてくださった最高のプレゼント」だと思うのです。

ここで私が問題にしたいのは、男性だけでなく女性本人も、「イク」という性のメカニズムに無知や誤解があることです。女性の官能の仕方や種類は、十人十色どころか千人千色と言っても全然大袈裟ではないほど違います。それほど個別的なものなのです。

したがってセックスの快感は他人と比べることなど不可能ですし、比較して一喜一憂するものでもありません。それでもやはり人間は、特に自分がセックスのことで悩んでいたりすると他人と比較したがります。

その心理の隙間につけ込むのが、世の中に氾濫する間違った性の情報です。「あまりの気持ちよさに失神した」「ジェットコースターに乗っているような気分」などなど。AVや官能小説での表現に幻惑されてしまいます。極端なケースだと、「私は失神したことがないから、本当の絶頂を知らない」と、悩んでしまう女性までいます。

確かに、失神という現象はあります。しかし、ここでハッキリさせておきたいのは、失神する体質の持ち主は、稀有な存在だということです。私の1000人を超える体験でも、1パーセント未満です。失神したことがなくてもなんの心配もありません。

また女性からの相談で多いものに、「クリトリスではイケるのに膣ではイケない」という悩みがあります。これも性の誤認です。クリトリスはイキやすい性感帯ですが、膣は、そう簡単にイク箇所ではありません。ましてや今の日本人男性の平均である、「挿入時間5分程度」でイクほうが難しいのです。膣は、男性と結合して、深い愛や深い官能を、それこそゆっくりと時間をかけて味わう性感帯だということを、女性のあなたがよく知っておいてください。

セックスの会話不足こそ大問題

恋愛は、お互いの共通点から急速に深まっていくことが度々あります。音楽の趣味が一緒だったり、笑いのツボが同じだったり、テレビドラマを観ていて同じタイミングで涙を流したり。また恋愛当初は違っていた部分も、付き合いを続けているうちに互いに影響し合い、たとえば味つけの好みや、ファッションのセンスがいつの間にか似てきたりするということもあるでしょう。そしてふたりは、相手のことをすべて理解していると錯覚してしまうのです。

「この人は何も言わなくても私のことをわかってくれている」と。

しかしセックスに関しては、言葉で自分の気持ちを伝えない限り、いくら仲むつまじく長年連れ添っても、決してあうんの呼吸には到達できません。

それほど女性と男性のカラダ、そして性のメカニズムは違うのです。

とにかく日本人は、恋人同士や夫婦の間で、セックスに関する会話が圧倒的に足りません。ですから、結婚して20年も30年も経っているのに、夫が妻の性感帯をまったく把握していなかった、ということも珍しくないのです。

妻の性癖も知らず、感じるポイントも知らず、的確な愛撫法も知らないというのでは、目をつむって車を運転しているようなものです。

〝お互いに満足する〟という目的地にたどり着けるはずがありません。それでいて夫は、「もしかすると私の妻は不感症なのではないか?」と疑い、妻のほうも、「やっぱり私のカラダが変なのかも?」と、お互いがお互いに悶々《もんもん》と悩み、ただ虚しい時間が過ぎていくのです。

そんなトラブルが発生したときこそ、人類の最大の発明である「言葉」を活用すべきなのに、日本人は逆にグッと言葉を飲み込んでしまう傾向があります。

この緊急時でさえ、気持ちさえ通じ合っていれば、黙っていても相手に自分の考えが伝わるものだと信じ込んでいるのです。「黙して語らず」――その奥ゆかしき日本人が誇る美意識も、セックスの場面ではただの弱点でしかありません。

セックスの悩みは愛だけでは乗り越えられないのです。お互いが激しくぶつかり合ってセックスしたいのに、何かが違う。そのときの正直な気持ちを相手に伝えず、違和感を持ち越したまま次のセックスに臨《のぞ》んだとしても結果は見えています。

「愛さえあれば」とよく言いますが、気持ちがよくないセックスを繰り返していては、肝心の愛まで冷めてしまうことになりかねません。

特に女性は、自分からセックスの話をすると、「はしたない女だと思われるのではないか」という抵抗があるでしょう。

しかし、その抵抗はいつからあなたに芽生えたものなのでしょうか。子どもだったころのことを思い出してください。男の子なら1歳にならないうちから自分のオチンチンに興味をもって、まだ朝顔のツボミのような可愛いオチンチンをつまんだり引っ張ったりして遊んでいます。

幼稚園くらいになると、オチンチンやオシッコやウンコという言葉が大好きで、意味もなく「ウンコ！」と叫んだりして、もう大騒ぎです。小さいころは自分のカラダへの興味、異性のカラダへの好奇心がストレートに現れます。本書の読者のなかにも、近所の仲良しの男の子とお医者さんごっこをした経験がある人もいるでしょう。

この異性への興味は、「自分のカラダとは違う」というところから出発しています。「パパにはついているのに、どうして私にはオチンチンがついていないのだろう？」子どもたちの異性への興味や好奇心は、私たちが生来持っているとても自然な性への関心事です。それが、いつの間にか大人になると話さなくなります。興味があるのに興味がないふりをしてしまいます。

もしもあなたがセックスの話をするのが苦手なら、もう一度、あの純粋だった子どものころを思い出してみてください。異性のカラダに対してわきあがる好奇心、それは、はしたないことでも恥ずかしいことでも日本人の美意識を損なうことでもありません。

すごく自然なことなのですから。自分とは違う異性の性感をパートナーに教えてもらい、そしてパートナーには自分のカラダのことを詳しく話してあげましょう。「なんだぁ、もっと早く話してればよかったね」というふたりの笑顔が、もう私の目には浮かんでいます。

イッたフリが男をダメにします

ある調査によれば、セックスのときにイッたフリをしたことがある女性は、全体の8割以上だそうです。イッたかどうかが射精というわかりやすい現象に現れる男性にはあり得ない、まさに女性ならではの行動です。イッたフリの理由も、「盛り上がっている空気を壊さないため」とか「男性を傷つけないため」など、慈愛に満ち満ちています。

しかし本当にそれでいいのでしょうか。

そしてあなたはいつまでイッたフリを続けるつもりですか。

セックスの気持ちよさは、今までのお互いのセックススキルによって左右されることもあります。処女と童貞のカップルなら、最初はゼロからのスタートになるでしょうし、年相応の経験をつんだカップルなら、10からのスタートということもあるでしょう。

とはいえセックスとは、時間を重ねて試行錯誤するうちにパーソナルな性を知り、オリジナルな気持ちいいセックスをレベルアップさせていくものです。

ひとことで言えば、セックスはふたりで育てていくものなのです。確かに、イッたフリは女性の優しさなのでしょう。

けれども、それはその場しのぎでしかありません。もしも、あなたが今のパートナーのことを心から愛していて、もっともっと気持ちいいセックスを目指しているのなら、イッたフリが男性のレベルアップを妨げるブレーキとなっていることを認識すべきです。

そうはいっても、今までしていた演技を急にやめてしまうのも不自然ですよね。それに今までが全部演技だったと知ったら、カレは立ち直れないくらい傷つくかもしれません。

そこで大切になってくるのが、「性のコミュニケーション」です。

一方的に今までの不満を言うのではなく、「こうしてくれたら、もっと気持ちよくなれそうな気がするの。お願い」といった感じで、甘えるように希望を伝えてみましょう。そのときこそ、あなたの女性ならではの優しさと心遣いを思いっきり発揮する場面です。

ワンナイトラブでは満たされません

セックスの経験値を示すとき、しばしば「体験人数0人」というふうに、人数が単位になります。これもひとつの指針でしょうが、では体験数100人が体験数10人よりも10倍の経験を積んでいるのかとなると、はなはだ疑問です。なぜなら、体験数の多い人は概して同じ相手とは一度か二度程度しかセックスをしていないことが多いからです。

いいたとえではないかもしれませんが、大相撲の場合、初顔あわせ（初めて対戦する取り組み）では、好勝負になることは少ないと聞きます。強者同士の対戦であっても、情報が少ないため、あっさりと勝負が決まってしまうからです。それが、何場所も対戦して、お互いがお互いに長所やクセ、戦術を知りつくしてくると、白熱した好勝負が生まれます。セックスの場合、初めての相手だと、それだけでドキドキして盛り上がるため、興奮度という部分は満足しますが、冷静になった2回目以降は、「思ったほど良くなかった」ということになるのです。

ひとりの人と長く付き合ったことがある人なら、セックスは育てていくものだということを実体験として知ることができますが、ワンナイトラブを繰り返してしまう女性（男性もですが）は、どうしても一発勝負に賭《か》ける傾向が強いようです。「男性は星の数ほどいるのだから、きっといつか私と相性がピッタリの人とめぐり会えるはず」という思考回路ですね。

うまくいくこともあるかもしれませんが、だいたいは遠回りに終わります。

相手の情報なしのワンナイトラブでは、セックスが手探りの段階で終わってしまうため、いくら経験相手が増えても、セックスの経験値はほとんど上がりません。

繰り返しになりますが、育てていくのがセックスなのだと心得てください。

成功パターンを繰り返すだけの男たちの愚かさ

「失敗は成功のもと」なんていいますが、セックスに関しては、なかなかこのことわざは成立していないのが現実です。その原因のひとつとして、「成功パターンを繰り返す」という男性

の愚かな習性が挙げられます。

セックススクールを運営していたころの話です。自称セックスの達人というホスト系のイケメン君が訪れたことがあります。彼は、「オレはこれまでたくさんの女をヒィーヒィーいわせてきた」と、自分のテクニックに自信満々。お手並み拝見と、女性モデルさんの協力を得て、自慢のフィンガーテクニックを披露してもらいました。そのテクニックというのが、ひたすら指をシャカシャカと動かすだけ。心優しいモデルさんが彼を傷つけまいと、必死でくすぐったいのを我慢しているのが私の目にはありありと伝わってきました。

指を使った愛撫法には正しいやり方があります。いくら動きが速くても、いたずらに無節操な指使いでは、性感ポイントを的確に刺激することはできません。

自称テクニシャン君はまったくポイントはずれな方法に自分一人で酔っていたわけです。では、なぜ彼は、こんなテクニックで自己満足していたのでしょうか。それは過去にこのやり方で満足してくれた女性がいたということです。

その女性は特別感度が良かったのかもしれませんし、テクニック以外のさまざまな要素が絡み合って、たまたま彼のシャカシャカがハマってしまったかもしれません。

偶然の産物であっても、彼にとっては素晴らしい成功の記憶としてインプットされたのです。

女性の性感は千差万別であるという知識が欠落している男性は、たまたまの成功例を、違う相手にも忠実に再現しようと努めます。

これがワンパターンを繰り返してしまうメカニズムです。

母性本能あふれる女性は、こんな男性の単細胞ぶりも、「男って可愛い生き物ね」と、大目に見てくれるかもしれません。けれど、たまたまの成功を真理と信じて疑わない男性は、自分のテクニックが通用しなかった場合、自分のせいではなく、女性のせいにしてしまうのです。

そして、「オマエ、感度が悪いんじゃないか?」と、心ない言葉で女性を傷つけるのです。

無知な男性に共通の思考パターンは、やはり大罪以外の何物でもありません。

本当の男らしさを誤解しています

男性と女性は平等であるべきです。雇用問題や賃金格差など、特に仕事に関して男女格差は是正されるべきでしょう。セックスにおいてもしかりで、男性主導型のセックスが招いてきたさまざまな不幸を考えると、男性本位なセックスは糾弾されるべきです。

社会に出てイキイキと働く女性が輝くように、セックスでも女性は積極的に自己表現して、美しく官能する本来の自分の性を勝ち取ってほしいと願ってやみません。

気持ちいいセックスを獲得するチャンスは男女平等であり、それが理想的なセックスの形でもあります。けれども、この問題と男女の性差を混同してしまうことは大きな誤りです。いわゆる男らしさ、女らしさといわれるものの存在を、あたかも男女平等な社会の実現の障害のように否定する動きには、日ごろ温厚で知られる私も声を大にして反論しなければなりません。姿かたちも考え方も違う両者だからこそ、男女は惹《ひ》かれ合い、愛し合い、互いの人間性を豊かに高めることができるのです。

これは自然の摂理です。性差を否定するのではなく、性差を認め合うことが、人類を幸せに導く最大のヒントであるといっても言い過ぎではないでしょう。

悲しむべきことは、男女平等の御旗の元に、男らしさや女らしさという言葉で語られる尊い人間性の本質を、男性も女性も見誤っていることなのです。

男性が男らしさを誤解している事例として、こんなことがありました。

30代半ばのご夫婦なのですが、「オレは妻を十分に満足させている」と自信満々の夫に、Gスポットの愛撫を実践してもらったときです。

なんと夫は、まだ十分に潤っていない奥様の膣に、2本の指を無造作にズボッと入れてしまったのです。時間にして1秒足らずの出来事でした。

その瞬間、奥様は「痛いっ！」と悲鳴をあげられました。それでも夫はかまわず指を出し入れしてGスポットを刺激するのです。こういった乱暴でしかない行為を、この男性は男らしさだと履き違えているのです。これは決して極端な例ではありません。

荒々しさや力強さを男らしさだと信じて疑わない男性が、乳房の形が変形するほど強く揉んだり、やみくもに激しくピストンしたりするのと同じ心理です。

この間違ったセックス技術が横行するもうひとつの理由は、女性もまた、ただ乱暴でしかない愛撫が、男性の〝たくましさ〟だと思い込んでいる点にあります。本当は痛いだけなのに、「こんなに頑張ってくれているのだから、注文をつけたらかわいそう」とか「感じない自分のほうに問題があるのかも」と。これではいつまで経っても問題は修正されません。

男らしさも女らしさもパーソナルなもので、これが男らしさだとか、これが女らしさだと定義づけすることは私にもできません。

しかし規範はあります。男性は、愛する女性を宝物のように扱い、女性が官能する姿を美しいと思うこと。女性は、愛する男性のために身も心も開いて優しく包み込まれるということです。そのなかで互いの男らしさや女らしさに気づき、育んでいくことが、人生の喜びへと変容していくのです。愛し合うふたりの間に誕生した小さな命のことを、私たちは「愛の結晶」と呼びます。この美しい日本語の意味を、私たちはもっと深く理解しなければなりません。

女性の社会進出が進み、男女平等が必要以上に声高に叫ばれる今、ともすれば日常生活のなかで、いわゆる男らしさや女らしさを表現する機会に恵まれないことも事実です。

そんな現代社会においてセックスは、男らしさや女らしさを確認し合える格好のステージなのです。ここにも、愛するふたりがお互いを信じ合い身も心もハダカになって、互いの性をさらけ出すことの意味と意義があるのです。

つい見栄を張ってしまう初心者

男性は見栄を張る生き物です。バイト代が底をついていても、彼女の誕生日ともなればプレゼントをしたり、高級レストランを予約したりすることでしょう。

これは女性にとってうれしいことです。それによって彼への愛も深まっていくことでしょう。ただ、この見栄っぱりな行動パターンがセックスの場面に登場してくると、少々やっかいです。お金がない状態をセックスに置き換えると、経験が浅かったり、テクニックに自信がなかったりするということに相当します。男性は、そういったコンプレックスを隠そうと、自分のレベル以上に自分を大きく見せたいという心理が働くのです。

わかりやすい例を挙げれば、童貞の男性が初体験を迎える場合です。こんなときに「実はオレ、キミが初めてなんだ」と正直に言う男性はきっと少ないはずです。女性が、男性経験が豊富だと思われるのを嫌がるのと逆に、男性は自分の経験の浅さを恥ずかしいこと、知られたくないことと受け止めがちです。正直に「初めて」と言えずに、場合によっては経験豊富な顔をして、そのときを迎えた童貞君は、おそらくひとりで空回りしてしまうことでしょう。

これはまだ可愛らしい例です。たちが悪いのは、ヨチヨチ歩きを始めたばかりのような初心者に限って、高等なテクニックを必要とする上級コースを実践したくなってしまうということです。具体的には、「潮を吹かせたい」「Gスポットで失神させたい」「アナルファックをしてみたい」などが挙げられます。

お互いの好奇心が高まり、ふたりで楽しみながらいろいろなプレイに挑戦するのはとても素敵なことです。けれど、普通のセックスでも十分に味わえる本当の快感を知らないままアブノーマルセックスや上級コースに行く男性は、プレイに飽きれば次の女性へ、そしてまた次へと目先の変化に走りがちです。

これでは、いつまで経っても本当にセックスを楽しむための正しい知識やテクニックを身につけることは不可能です。

ノーマルセックスに物足りなさを感じるのは、セックス初心者であることの裏返しなのです。

正常位は射精に突き進む体位

日本人男性の7割が「早漏」といわれているのをご存知ですか。

AV男優のように、射精をコントロールできる男性は数少ないのが現実です。早漏君の数に比例してか、「もっと挿入時間を長くしてほしい」という女性からの要望をたびたび耳にします。

アメリカのある著名な性科学者の説によると、「挿入時間が1分でも、女性を満足させてあげられれば早漏ではない」そうですが、こういった早漏の定義は、男性に都合のいい詭弁にすぎません。なぜって、女性の膣はたった1分そこそこのペニスの刺激で、快感を得るようには作られていないのですから。

男性からのプロポーズの言葉として、「君を一生幸せにする」は定型文のように使われていますが、それは早漏を克服してから言うべきです。

頑張っても2、3分のピストンが上限なのだとしたら、その男性は一生女性を幸せにすることは不可能でしょう。もちろん男性も、〝7割〟というデータにあぐらをかいてはいけません。愛する女性のために一刻も早く早漏を克服するのが、すべての男性に課せられた義務なのです。

ただ、ここで問題にしたいのは、今、私たちが「正常位」と呼んでいる体位のことです。あまり知られていないことですが、実は正常位は、男性がもっとも射精に突き進みやすい体位なのです。その理由を説明しましょう。

正常位のときに男性は前傾姿勢になります。この体勢だと、自律神経である交感神経が優位に立ってしまい、神経が敏感になり興奮を抑えられなくなってしまうのです。しかも男性が腰を自由に使える体位なので、なおさら攻撃モードの状態になってしまいます。

これだけ射精の条件が整えば、持続力に自信がない男性なら、アッという間に射精してしまうのも無理のない話です。

ですから私は正常位のことを、「射精位」と呼んで注意を促しています。早漏気味の男性が正常位からセックスを始めるのは自爆行為であるということを、ぜひ女性であるあなたも覚えておいてください。

私が挿入のときの体位としてオススメしているのは、男性が前傾姿勢ではなく上体を起こした体勢での正常位（「対面上体立位」と呼んで正常位と区別しています）です。

実際に男性にやってもらうとわかりますが、交感神経と副交感神経がニュートラルな状態を保つため刺激を抑制でき、また腰を激しく動かしづらい体位なので、余裕を持ってお互いの性エネルギーを交流することができます。

それと同じ理屈で、座位も男性の上体が起きているので、長く愛し合うことができます。

ちなみにインドの性経典『カーマスートラ』では、座位のことを正常位と呼んで、最もスタンダードな体位という位置づけをしています。

男性に早漏を克服してもらうには、ある程度の期間と忍耐力が必要となります。

しかし、男性の射精に関して女性自身も知識として知っていると、それだけで今までよりも長く愛し合えるようになります。

無知は罪ですが、知識は人間を幸福に導くのです。

世の中の性情報はセックスのオプション

情報化社会の今、膨大な情報が巷に溢れかえっています。それはセックスというカテゴリーでも同様で、今、性的嗜好の細分化はその裾野を大きく広げています。

ひと昔前ならソフトSMにカテゴライズされていた、目隠しや手首を軽く縛ってするセックスは、今の若者にとってはほぼノーマルですし、コスチュームプレイは誰もが当たり前に楽しんでいます。バイブレーターやピンクローターといったセックスグッズなど、大人のオモチャというより「みんなのオモチャ」な状態です。テレビを点ければ、女性タレントがエッチなトークで笑いをとり、一般の若い女のコたちだって、レポーターにマイクを向けられると、顔モザイクなしで赤裸々な性体験を語ってくれます。

SNSの普及で誰もが意見を発信できるようになった今、一見、セックスについて語ることがオープンになり、自分の好みに合わせて多種多様なプレイの楽しみ方を選択できる時代が到来したように見えます。ならば女性も男性ももっとセックスを楽しんでいて当たり前のはずなのに、現実はその逆です。少子化が社会問題になって久しいというのに、誰もセックスレス化に歯止めをかけることができず、未熟な男性によって心とカラダを傷つけられ、私のような第三者に救いを求める女性が後を絶ちません。

あなたに知ってほしいのは、今の世の中に出回っている性情報は、セックスの本質ではなく枝葉の部分、いわばセックスのオプションにすぎないということです。

この状況を食生活にたとえれば、今日はイタリアン、明日は中華と食べ歩きをして一見贅沢をしているように思えて、実際には前菜やサイドメニューをつまんでいるだけで、メインディッシュを食べていないようなものです。

男性は、あらゆる情報源から、さまざまなオプションをあなたの前に提示してきます。

しかし彼らは、目新しいグッズやマニアックといったアクセサリーで着飾ってはいても、下着すら身につけていない「裸の王様」なのです。

童話と違うのは、彼らの前に「裸だよ」と言ってくれる少年が登場しないことです。

私に言わせれば、気持ちいいセックスに細分化など必要ありません。私が本書で紹介するスローセックスで十分にメインディッシュを堪能することができるのですから。

しかし、正しい知識と的確な愛撫という武器を装備していない多くの男性は、さまざまなオプションに逃げてしまっています。そしてセックスの本質を知らない彼らは、自分が逃げていることにさえ気づいていないのです。

本書が、「裸の王様」に登場する少年になれることを私は強く期待しています。

男女関係をダメにする稚拙なセックス

先に、男性の幼稚化の話をしました。

男性は無知と未熟なテクニックによって、自分でセックスをつまらないものにしているのに、女性の反応が今ひとつだったり、セックスを拒むことをパートナーのせいにしたりする傾向がとても強いのです。「オレはこんなに激しく愛しているのに、どうしてイカないのか？」と。

問題の入口にあるのは、強い刺激ほど女性は感じるという性の誤解です。それによって男性の脳に、「大きな愛＝強い刺激」という誤作動が誘発されます。しかしそれ以上に罪なのは、セックスの過程で起きる、〝女性の反応が今ひとつ〟というアクシデントに、ほとんどの男性が正しく対応できないことです。車の運転やギャンブルで性格が変わってしまう人の話はよく聞きますが、セックスほどその人の本性が露呈する行為はありません。普通に考えて、相手の反応が今ひとつなら、自分の愛撫の仕方や愛撫している場所を軌道修正してしかるべきです。

なぜ、そんな当たり前のことができないのか。答えはひとつ。恋人や夫婦といった人間関係なら当然存在しているはずの、いたわりや思いやりの気持ちが欠落しているからです。

性の知識が乏しいとか愛撫テクニックが不足している以前に、彼らは心が未熟なのです。その意味でも、ティーンエイジャー同士のセックスは禁止すべきです。乱暴な意見に聞こえるかもしれません。しかし、人格形成の中途段階にある彼らのセックスは、どうしても性欲だけがむき出しになってしまいます。結果、「ナマでやるのが当たり前」という風潮を生み、堕胎や性感染症の蔓延といった取り返しのつかない不幸を世の中にばらまいているのです。

話を大人のセックスに戻したとき、高校生カップルのそれと大差ないのが現状です。

本来なら、セックスを通じて、異性のカラダのしくみの違い、感じ方の違い、感じる場所の違い、そして考え方や感性の違いを発見していくことができます。自分とは異なるさまざまな違いを見つけていくのです。その違いに最初はとまどうことも多いでしょうし、ときには失敗や衝突もあるでしょう。しかし、それが出会ったときよりも深く異性を理解することに繋《つな》がり、目の前の相手に対するあたたかい気持ちが自然と湧き上がってくるのです。

しかし、人間としてのあたたかい気持ちがちゃんと形成されていなければ、凹凸という見た目の違いから、それ以上先に進めないのです。ひたすら男性は挿入と射精に向かって暴走し、女性はひたすら耐え忍ぶだけ。そんな悲惨な現状が、大きな口を開いて待ち受けています。

これでは、いくら「普段の彼は優しい」といっても、セックスのたびに彼への愛情は冷めていってしまうでしょう。また、今はあまりにも避妊なしのセックスの被害が目立つこともあり、ただコンドームをつけるだけで、「彼は私のことをちゃんと思ってくれている」と、過剰に彼を信用してしまうムードができあがっていることにも危惧します。ゴムをつける行為は、とにかくセックスしたいと思う男性のパフォーマンスにすぎないこともしばしばなのですから。

愛情をフィーリングで判断してはいけません。

「強すぎる愛撫は女性のカラダを傷つけてしまうのではないか？」「本当に彼女は感じてくれているのだろうか？」こういった自問自答もなく女性を傷つけている男性は、人間としての勉強をイチからやり直して欲しいくらいです。「自分はちゃんと相手を愛せているか？」という問いかけを、自分と相手にし続けることが恋愛とセックスを成熟させます。

もしも不幸にも、セックスが精神的にも肉体的にも苦痛を伴う場合、若いカップルなら別れればリセットできます。しかし、夫婦だと悲劇です。つまらないセックスの反復で、セックスが義務化してしまい、さらに味けない行為に成り下がっていくからです。

本当なら夫婦に快楽と悦びを与えてくれるのがセックスです。しかしそのセックスがストレスの原因となり、挙げ句にセックスレスに陥った夫婦を、私は嫌というほど見てきました。

女性としての悦びを回復しようと、出会い系などでパートナー探しをする女性が増えるのも無理からぬ話だと思います。出会い系で知り合ったパートナーに求めるのは、気持ちいいセックスの追求ですから、奇しくも理想的な性コミュニケーションが成立するのです。

このことも不倫カップルが増加する理由だと考えています。

なぜ、これが愛し合ったカップル同士で成立しないのか。とても皮肉な話です。

ペニスはそもそもGスポットには当たりません

週刊誌のセックス特集などで、たびたび「Gスポットを突く体位」が紹介されています。これなどは男性の無知と妄想による虚構の典型でしょう。

Gスポットは、1950年にドイツの産婦人科医グレーフエンベルグ博士が発見し、発見者の頭文字を取って「G点」と名づけられました。今でこそ女性の絶頂スポットとして知られていますが、発見当時は、それまで「膣の内壁は感じない」としてきた医学会の定説を根底から覆す大発見として医学論争まで巻き起こしたものです。

さて、そのGスポットですが、当事者の女性でもGスポットの場所を的確に把握している人はほとんどいません。

ましてや男性ともなれば、AVの潮吹きポイントという浅い知識でしかありません。

一般男性にテクニックを教えている私の経験からも、それは明白です。レクチャーする場合、女性モデルさんの協力を得て、まずは私がGスポットの愛撫法を示します。

続いて男性に同じようにしてもらうのですが、私のお手本を見た後でも的確にポイントを刺激できる男性はほとんどいません。それくらい愛撫が難しい場所なのです。

Gスポットは女性も知っておくべきポイントですので、愛撫法を説明します。

女性が仰向けに寝た状態で、手のひらを上にして中指を膣に挿入します。

指が根本まで入ったら、第二関節を直角に折り曲げて、恥骨に指腹を押し当てます（正しい場所に当たったらすぐにわかります）。

指腹にGスポットが当たったら、指の第二関節を支点にして、指先を3～4センチ間隔で振幅させ、「押す」と「離す」を繰り返します（このとき、痛みの原因になる「擦る」や「掻き出す」は絶対にNG）。

重要な点は、Gスポットは恥骨側の膣壁に位置しているということです。

つまり、指を折り曲げなければ当たらないのですね。

ですから、90度に折れ曲がったペニスでもなければ、Gスポットをペニスで突くことなど不可能だということです。Gスポットを突く体位もペニスも、この世に存在しません。

さて、Gスポットは的確に刺激することができれば、あなたをたちどころにオーガズムに導くことができる脅威の性感帯です。

しかし今、「最強の性感帯」という部分だけがクローズアップされて間違った情報が氾濫しています。

その結果、何が起きているのか？　正確な場所も正しい愛撫法も知らない男性が、今この瞬間も、男らしさと勘違いした乱暴な指先で、女性の大切な部分を傷つけているのです。

女性のクイックオナニーも共犯

本章では、性の知識に乏しかったり、女性に対する思いやりが欠如した男性の自己中心的で稚拙なセックスが、女性からセックスの悦びを奪うばかりか、ときには新しい生命を宿す大切なカラダまで傷つけている不幸な現実を述べてきました。

被害者は常に女性たちであるとも言いました。

けれども本書は、心ない男性の糾弾を目的とするものではありません。

私が提唱するスローセックスという概念と、私が長年の研究から編み出した、セックスで気持ちよくなるためのメソッドとテクニックを広く伝播し、ひとりでも多くの人に本来のセックスを取り戻してほしいと願っています。

そして女性が生来持っている官能装置を最大限まで引き出すことで、セックスはもちろん、この世に生を享けたことの喜びや楽しみを回復してもらいたいと思っております。

さて、「つまらないセックス」の犯人の多くが男性側にあることは、これまで繰り返し述べてきた通りです。

それは、「男性が攻めで女性が受け身」という日本人の伝統的なセックススタイルにも原因があります。

車の運転でいえば、ハンドルを握っているのが男性で、女性は助手席に乗っている関係です。道に迷ったり、事故を起こしたりしたときの責任は運転手にあるという論理です。

個人的にはこのスタイルは少々保守的すぎるかなと思っています。

ときには女性が主導権を握るセックスがあってもいいでしょう。

私の勝手な理想を言わせてもらえば、ハンドルが2ついた車があってもいいと思います。

もちろん、私の理想をあなたに押しつけるつもりはありません。

デートのときと同じように、セックスも男性にリードしてもらうのが好きという意見があっても、それは何も間違ってはいません。

それこそセックスは個人が自由に楽しめばいいのです。みなさんにお任せします。

ただし、男性に何もかもを任せっぱなしにしてはいけません。

セックスは共同作業です。気持ちいいセックスを楽しむためには、お互いの協力が不可欠。

男性にリードしてもらうセックスと、男性に任せっぱなしのセックスは似て非なるものです。

車の運転でいえば、優秀な運転手になるように努力するのが男性の務めだとすれば、女性は優秀なナビゲーターになる必要があるということです。セックスでいう、いいナビゲーターとは何を意味すると思いますか。　答えはあなた自身にあります。

そうです、自分の性感帯や、してほしいことを男性にわかりやすく伝えるということです。

男性と女性のカラダのしくみは根本的に違います。

だから男性は女性から教えてもらわないとわからないのです。

それは経験豊富な男性でも同じことです。

心優しい男性が、「どう、ここは気持ちいい?」「今度は、どこを愛してほしい?」と、ナビゲーションを求められた場合、あなたは的確に伝えられる自信がありますか。

もし自信がないのなら、あなたもつまらないセックスの共犯者です。

そして残念ながら、自分の性感帯をちゃんと把握している女性が少ないのが現実です。

それはなぜでしょう。

一番の原因は、多くの女性が正しいマスターベーションをしていないということです。

ある統計によれば、日本人女性の5割以上が日常的にマスターベーションをしていないといいます。

また、もしマスターベーションをしていたとしても、クリトリスを数分刺激して、イッたら終わりという場合がほとんどなのです。

まったくマスターベーションをしない女性よりはましですが、イッてスッキリするだけが目的の「クイックオナニー」では、自分のカラダを知ることは到底できません。

そして本書を読み進めるうえでも覚えておいてほしいのが、短時間で達するオーガズムは浅いものでしかないということです。

スローセックスは、ただスローに時間をかけてするセックスのことではありません。男性も女性もイクというこだわりを捨てて、時間をかけて愛し合うことです。

すると互いの性エネルギーは増幅し、蓄積した性エネルギーは爆発することで、これまでのセックスでは考えられなかった最上級のオーガズムを得ることができるのです。

マスターベーションは自分のカラダを知るために必要です。またオーガズムを得やすいカラダ作りとして行うのです。

性器はもとより、自分でも触ったことがないような場所だらけでは、気持ちいいセックスをするための情報を男性に伝えることは不可能です。

クイックオナニーで得られる浅いオーガズムに慣れてしまってはいけません。

それは、一刻も早く射精したい男性と一緒です。「セックスを楽しむ」というセックスの醍醐味を自ら手放しているようなものなのです。

女性のみなさん、もっともっと時間をかけて自分のカラダを探検してください。

そして自分が見つけた宝箱を愛するパートナーに開けてもらいましょう。

この楽しい冒険は果てしなく続きます。

なぜなら、あなたのカラダは宝の山なのですから。

第2章

あなたが知らないセックスの真実

女性は性感脳が開くことで開花する

「女性の美は小宇宙である」と数多の芸術家たちに言わしめるほどに、女性の美しさは尊く神秘的です。

私も、エロティックに官能する女性の姿を見るにつけ、小宇宙を実感します。

ですがその一方で、女性たちの多くが、その無限に広がる官能的宇宙の存在に気づいていないのが現実です。

私の実感としては、「イッたことがある」という女性が、やっと月面着陸したというレベルでしょうか。

無限に広がる遠い宇宙を目指してください。

まだまだあなたの知らない世界があります。

気持ちいいセックスをするためには、女性がまず自分のカラダの秘密を解明する必要があります。

知っているようで知らない女性のカラダや官能のメカニズムについて、真実をお伝えしたいと思います。

まずは「快感のメカニズム」についてです。

「セックスが気持ちよくない」
「いいところまでいけるのだけど絶頂に達しない」
という女性はもちろん、イッた経験がある女性にも再確認してほしいのは、快感は、「脳で感じる」ということです。

言われてみれば当たり前のことです。正確には、乳首やクリトリスそのものが快感を覚えるのではありません。

性感帯に与えられた刺激が脳に伝達され、脳がその情報を「気持ちいい」と認識するのです。「イク」というメカニズムを科学的に解説してみましょう。

愛撫による刺激を気持ちいいと脳が受信することで、脳波がアルファ波からベータ波に移行します。

すると快感を引き起こすベータエンドロフィンの分泌が活発になり、オーガズムに達する準備が整います。

第1章でも述べたように、この刺激を快感としてキャッチして統合する脳の快感中枢を、私は「性感脳」と呼んでいます。

「感じない」「快感が浅い」というのは、性感脳がまだツボミのままだからです。

実際に私が不感症に悩む女性や初めて出会った女性とセックスするときにもっとも注意を払

うのは、テクニックを駆使することではありません。

いかにツボミのままの性感脳を「開花」させるかです。

女性を官能に導くのは、性感脳を開いたその後です。

さて、今私は「ツボミ」という表現をしました。

これは女性の性の成熟度を評価するたとえとして、既存の官能小説などでも頻繁《ひんぱん》に出てくる言葉です。

ではツボミと聞いて、どんな花を思い浮かべますか。

おそらく一輪のバラとかボタンのような大振りの花ではないでしょうか。

けれども女性のカラダを花にたとえるなら、「桜の大樹」がふさわしいのです。

桜の木なら一輪の花が咲いた程度では咲いたとはいえません。

数百の花を咲かせたとしてもせいぜい一分咲きでしょう。

イメージしてください。

桜の木が、三分咲き、五分咲きと徐々に花の数を増やしていき、満開のその日を迎えるまでを。

その光景こそが、小宇宙にたとえられる女性本来の姿なのです。

女性が深い快感を得るためには、感度を高めて感じやすいカラダにすることが必要です。

私はこのプロセスを「性感ルートを開く」という言い方で表現しています。

性感ルートを開くということは、桜の大樹にたとえた女性のカラダに無数に点在する性感帯（桜の花）を、一つひとつ丹念に、そして長時間パートナーに愛撫してもらうことで、点と点が結ばれて線へ、そして線と線が結ばれて女性のカラダすべての性感が開通することを指します。

これにより、「性エネルギー」（性的な気のエネルギー）の循環が活性化され、女性の感度は飛躍的に高まるのです。

以前50代の旦那さまと30代前半の奥さまの年の差がひと回りもある医師の夫婦とお会いしました。

「不感症の妻を感じやすいカラダにしてほしい」というのが旦那さまの希望でした。

しかし、その若い奥さまに私がエヴァセラピーを施してみると、不感症どころか、男ならこんな女性は手放したくないと思うほど、彼女は官能し絶頂を繰り返しました。

旦那さまはその間ずっと奥さまの手を握り、今まで見たこともない妻の恍惚の表情に啞然とするばかり。

女性のカラダについて、一般男性よりも知っているはずの医師にして、30代の若い妻の性感脳をツボミのまま放置し、不感症と決めつけていたのです。

繰り返しますが、脳が気持ちいいと感じて初めて女性のカラダは悦びます。

そのためには、愛する男性に、全身の性感帯を一つひとつ入念に愛撫してもらって、性感ルートを開くことが不可欠なのです。

セックスはマスターベーションの何十倍も気持ちいいもの

ほとんどの女性は性感ルートが開かれていないのが現状です。

それなりのセックス経験があって、一生懸命に愛撫をしてくれて、持久力のあるペニスの持ち主に当たれば、性感ルートもある程度は開通します。普通にセックスが楽しめるレベルまではいくでしょう。

けれども、「ちゃんと感じる」という女性であっても、私とセックスをすると、「あっ、こんなところも感じるの？　えっ、そんなところまで！」というように、次から次に本人も知らなかった性感帯が開花するのです。

あたかも枯れそうになっていた花が水を与えられて新しい命を萌芽させるように。

以前、不感症に悩む50代の女性にセラピーを施術しました。

すると、どこが不感症だったのかというくらい、それはもう色っぽく官能するのです。

そして彼女は感涙しながら何度もオーガズムを繰り返しました。

生まれて初めての快感を経験した彼女は、「私、これから青春を取り戻します」と意気揚々と帰っていかれました。

50代まで「性感バージン」だった彼女の悲劇は、決して特殊な事例ではありません。ほんの氷山の一角です。それは私のいう性感バージンが、イコール不感症を指すものではないからです。

たとえ「イッたことがある」という女性であっても、富士山でいえばまだ3合目だったりします。まだまだ秘めた可能性の上限には達していません。

性感ルートの開通が進んでいけば、5合目、8合目と進み、富士山の頂上でご来光を拝むことができるのです。これはすべての女性に言えることです。

もしもあなたがセックスをつまらないと感じているとすれば、自分の性感にもっと可能性があることを無意識に感じ取っているからなのです。

上限といわれても、その上限を経験したことのない女性には、どれくらい気持ちいいものなのか感覚的につかみづらいと思います。

快感のレベルを数値化することにほとんど意味はありませんが、イメージするための材料として、セックスとマスターベーションの比較で説明しましょう。

セックスの絶頂を富士山とするなら、マスターベーションの絶頂は東京タワー程度です。

単純計算で10倍以上違います。

同じ「イク」なのに、どうしてこんなにも差が出るのでしょうか。

それは、ひとりでするマスターベーションとは違い、セックスは女性と男性、ふたりの性エネルギーが互いのカラダを循環することで何倍にも増幅されるからです。

「セックスもマスターベーションも同じ」「自分の感じるツボを知っているマスターベーションのほうが楽だし気持ちいい」

こうした認識は逆説的に、その人が普通のセックスだと思い込んでいる行為がジャンクセックスであることの証明です。

セックスはマスターベーションより何十倍も気持ちいい！

真実はこのひとつです。

快感の尺度は絶頂の回数ではなく深度です

「オレは5分で女をイカせられる」とか「昨日は一晩に4回イカせた」などと、女性をイカせる早さや回数を自慢する男性がいます。まったくくだらない話です。

マスターベーションで日常的にオーガズムを経験している女性なら、イクということ自体は、それほど難しいことではないことを知っています。

中にはピンクローターでクリトリスを刺激すれば30秒足らずでイケるという女性もいます。

イカせた回数が女性の満足度なのだと勘違いして、自分はテクニシャンだと思い上がっている無知な男性が多い理由のひとつが、「イク」と「感じる」の混同です。この誤解は女性にもあるかもしれません。

想像してみてください。

バイブやローターを使って3分でイクのと、イこうと思えばいつでもイケそうな気持ちよさがずっと続くのとでは、どちらがいいですか。あなたが求めているのは後者のはずです。

整理しておきます。

快感の尺度は、絶頂の回数ではなく、官能の度合い、深度のレベルを指すものです。

性感ルートが開かれた女性は無限に、宇宙レベルで感じることが可能になります。

そして咲いてから2週間足らずで散ってしまう桜と違って、時間の許す限り、延々に感じ続けることができるようになるのです。

セックスとは単に性器と性器の結合ではありません。キスや愛撫や挿入で、男性と女性がそれぞれに持っているプラスとマイナスの性エネルギーを、互いのカラダに循環させていくことで、愛とエネルギーを増幅させていく。

それがセックスの本質です。

そして、愛し合う時間が長いほど性エネルギーは増大します。

スローセックスを体験していない人には、もっと言えばジャンクセックスに慣れてしまったあなたにはイメージしにくいかもしれません。

急に性エネルギーと言われても、難しい話のように感じますよね。でも、大好きな男性と手を握ると、自然と感情が高まってくることをあなたは知っているはずです。

そのとき、あなたと彼の間には、すでに性エネルギーの交流・循環が始まっているのです。

最初からうまくイメージできなくてもかまいません。

けれども、まずは目には見えない性エネルギーを意識することから始めてください。

それだけでも、今までのセックスとはまったく異質な感覚が生まれてくるはずです。

回数ではなく、快感の深度が大切だと言いました。これには皆さん納得していただいたと思います。深度を追求するためには時間が必要とも言いました。

さて、そろそろアダム流メソッドの核心に触れていきましょう。

スローセックスの実践には、大切な心構えがあります。

射精を目的としない。

イクことにこだわらない。

この2つです。どう思いましたか。「それでは、セックスする意味がないのでは？」という声が聞こえてきそうですね。無理もありません。今までのセックスとはまったく目的が違うように映ると思います。第1章を思い出してみてください。今までの射精に突き進むだけの、動物の生殖行為と大差ないセックスや、イクことにこだわった男性本位のセックスに多くの女性が泣いてきたのです。この瞬間も泣いている女性は確実に存在します。

私が伝えたいのは、あなたが今まで正しいと思い込んできたセックスが間違いだらけだということです。男性本位のジャンクセックスにNOを突きつけない限り、性感ルートの開通も、小宇宙にたとえられる無限の官能にも到達できないのです。

約15年前、本格的にスローセックスの啓蒙活動を始めた私は、著書がベストセラーになったこともあり、メディアでセックスの達人として、たびたび取り上げられました。

しかし私はけっして特別な人間ではありません。本書で紹介するテクニックも、正しく理解して練習さえすれば誰にでもできることです。

誤解のないように断っておきますが、私は射精を禁止しろと言っているのではありません。イクことがダメだと言っているのでもありません。射精もイクも、互いに時間を忘れて愛し合った男女への、最後のご褒美という考え方です。この意識のシフトチェンジによって、男性は女性を感じさせることの悦びを知ります。自分の指や舌でエロティックに官能する女性に〝美〟を見出し、むしろ男性のほうから、射精へのこだわりがなくなってくるのです。

男性本位ではない、本当の意味での男女和合の行為にセックスが昇華したとき、女性もまた、今まで知らなかった深い官能宇宙の存在を知るのです。今までの快感が、いかに浅いものだったかを知り、自分の潜在能力に気づくはずです。

ひとたびこの好循環が発生すると、セックスは楽しくて気持ちよくてしかたのないものにガラリと変わります。時間という概念を超越したところに、神さまが用意してくれたスペシャルなギフトが待っているのです。

不感症の95パーセントの女性は正常です

セックススクールを運営していた当時、受講される女性の大半は、「不感症」という悩みを抱えた人たちでした。セックスの経験が少ない方、男性の心ない言葉や乱暴なセックスがトラウマになっている方など、不感症の原因はさまざまです。しかしここで知ってほしいことは、不感症に悩む女性の95パーセントは、まったく正常だったという事実です。

もしも今、あなたが不感症に悩んでいるとしたら、どうかその肩の荷を下してください。私は気休めで言っているのではありません。

95パーセントは正常、まったくの官能体質。この数字こそ真実です。

不感症に陥る最大の原因は、性感ルートが開いていないことに起因します。

女性もマスターベーションである程度は感度をアップすることができますが、やはり最終的に性感ルートを開いてあげるのは男性の役割です。早い話、不感症だと思いこんでいる女性のほとんどは、ただ単に男運に恵まれなかったということです。

正しい知識を持たない一般男性によくある失敗例が、女性の感じるポイントをはずして一生懸命に愛撫しているということです。ゴルフでたとえれば、旗をめがけてクラブをスイングしているつもりが、実は隣のコースの旗を狙っていたようなもの。ポイントがズレていることに当の本人はまるで気づいていないのです。

こうしたケースでは、ポイントへの的確な愛撫を学ぶことで簡単に問題は解決します。

次に多いのが、女性本人が、イクという感覚をつかめていないことです。クリトリスや乳首は感じるけれど、イッたという実感が持てないというケースです。ご承知の通り、女性のイクは、男性の射精のようなわかりやすい結果が伴うオーガズムではありません。どのレベルまで快感が達したらイクということなのか、本人が確信を持てないことから起こります。

極端な例では、通常のレベルではイッているのに、「失神してないから、まだイッていない」など、自分で自分を不感症だと決めつけてしまうのです。この不正確な格付けが心にマイナスの作用を引き起こし、ときには本当に感じなくなってしまう方もいらっしゃいます。

女性の快感は他人と比較できるものではありません。失神が絶頂の最上級のような言われ方をしますが、失神にもいろいろなレベルがあります。「ジェットコースターに乗ったような」

というのもそうです。私たち男性には理解を越えた快感が、女性を惑わします。

イクという実感が持てない女性にありがちなのは、絶頂が雲上にあるかのような遠い存在だと思い込んでしまうことです。そして、そこまで到達できない私のカラダは変なんじゃないかと思ってしまう。「感じる」という素晴らしい感覚を味わっていながら、間違った理解で自分を否定してしまうのは、自ら性感ルートの扉にカギをかけてしまうようなものです。

自分からオーガズムを遠ざけてしまっています。本当は官能体質そのものなのに、「もしかして不感症？」と悩んでしまうことが、不感症の罠にはまる一番の要因です。

私とのセックスやセラピーで、生まれて初めてイクことを経験された女性の中には、ときに涙を流して感激される方もいらっしゃいます。なぜ涙がこぼれるのか、本人にも理由はわかりません。私は、カラダがうれしくて涙を流しているのだと勝手に解釈しています。

そんなときに私は、この仕事をしていてよかったと心から思うのです。

けれども、私でも力及ばないケースもあります。それが残りの5パーセントです。

原因として圧倒的に多いのが、幼いころに父親から性的虐待を受けたり、レイプといった強烈な体験をしたことがトラウマとなって、性感脳を堅く閉ざしてしまった場合です。過去のおぞましい経験がもたらす、一種の自己防衛によるものだと思います。

本当に痛ましい話ですが、彼女たちは、心から愛する男性に愛撫を受けても、自己防衛シス

テムが誤作動してしまい、まったく感じることができません。

性の悩みは、私のような第三者のほうが余計な気を遣わずに相談に乗りやすいことが多いのですが、このケースだけは例外です。愛する男性の愛でしか、彼女を救うことはできないからです。そしてそんなときこそ、私自身は直接役に立てなくとも、スローセックスのメソッドが内包する愛情表現が、被害女性の心を溶かしてくれると思うのです。

女性は水の性、男性は火の性

宇宙の森羅万象を「陰と陽」の2つのカテゴリーに分類する陰陽思想と、「木・火・土・金・水」の5つのカテゴリーに分類する五行思想が融合して「陰陽五行理論」が生まれました。陰陽思想とは、男性と女性、プラスとマイナス、強弱、硬軟、明暗など、宇宙に存在するすべてのものは「陰と陽」の組み合わせで成り立っているという考え方です。それに、感情なら「怒・喜・思・悲・恐」、色なら「青・赤・黄・白・黒」の五行を加えることで、宇宙の根本原理をより高度に解明しようという思想です。

この東洋的な思想は日本人にとてもマッチしています。しかし今は、男女平等の理念からジェンダーフリーという考え方が派生し、男らしさや女らしさが否定されています。

陰陽思想が唱える通り、やはり人間も陰と陽、すなわち男性と女性がいて世界が成り立っていることは明確です。そして両者の違いが大きいほど、磁石のプラスとマイナスのように、男女は結びつきを強めるのです。

しかし現実社会を見ると、男女の違いや役割分担が曖昧になっています。そんななか、セックスは陰陽の法則性を具現化できる数少ないチャンスです。つまらないセックス、気持ちよくないセックスをそのまま放置しておいていいはずがありません。

なぜ、本来は楽しいはずのセックスが、女性にとって苦痛になるのでしょう。

五行思想では、男性は〝火の性〟、女性は〝水の性〟に分類されます。

これをセックスに置き換えれば、赤々と燃え盛る男性によって、水である女性は温められ沸騰させられるということです。男性は射精すると火が消えてしまいますが、女性は一度沸点に達するとその温度はなかなか落ちません。こういった性のメカニズムも五行で説明できるのです。

女性がセックスをつまらないと感じるのは、男性が火と水の性質を理解していないからです。たとえばヤカンに入った水を沸騰させるとき、ガスバーナーで一気にあぶっても、水はなかなか沸騰しません。どんなに強い火力でも、加熱時間が短いと水は湯にはならないのです。

愛戯が短いセックスはこれと同じ状態です。火である男性が自分の性質のみにしたがってしまうため、短絡的なセックスになってしまいます。男性には女性が水の性質であることを知ってもらい、ヤカンの水がチロチロとゆっくり煮立つように、時間をかけて女性を沸騰に導いてもらわなくてはなりません。スローセックスの基本は、これまで男性のペースで行われてきたセックスを、〝水の性〟である女性に合わせることから始まります。

水にはその容器によってどんな形にも姿を変えられるという特性もあります。女性は男性の愛撫に応じて、その性感帯はいろいろな反応を示します。そして自分の目の前でさまざまに変容し官能する姿に、男性の火はますます燃え上がっていくのです。

陰陽五行に代表される東洋思想は、今でこそ占いなどで女性から人気を博していますが、恋愛における男女の相性だけでなく、性愛の基本法則まで示しているのです。

セックスの悦びは射精の放棄にあります

私が懸念するのは、女性もまた「セックスの終わりは射精」という刷り込みに侵されているのではないかということです。

男性本位のセックスの横行や、それに伴う情報の氾濫は大きな原因ですが、母性本能が「射精至上主義」を助長している点も指摘しておかなければなりません。

女性に断りもなく、自分のタイミングで自分だけ先にイッて、さっさとタバコを吸ったりテレビを観たりするような卑しい男性はこの際無視するとして、優しい男性から「イッていい？」と聞かれたとき、心優しい女性は自分が肉体的満足に至っていなくとも、やはり「いいよ」と答えることがほとんどでしょう。母性本能が強い女性なら、愛する男性の満足を自分の精神的充足に転換できることもあるでしょう。もっといえば、挿入すらないオーラルのみの射精であっても、「私は愛されている」と感じられる、尽くすタイプの女性もいます。それ自体を否定するつもりはまったくありません。セックスをどう楽しむかは各カップルの自由です。

けれども、本書を手にされたあなたは、少なくともセックスに好奇心旺盛で、今よりももっと気持ちよくなりたい、もっとセックスを楽しみたいと思われているはずです。

その観点からすれば、気持ちの問題に差こそあれ、勝手にイク男性も自己申告してイク男性も同類でしかないのです。

私は、2時間挿入したままということも珍しくありません。

誤解しないでいただきたいのですが、自慢話をしているのでもなければ、2時間という時間の長さを基準にしてほしいからでもありません。それだと、「前戯には最低20分以上かけましょう」などと時間に囚われていた既存のセックス指南書と同じになってしまいます。私がお伝えしたいのは、長時間交接でしか見えてこない官能の領域があるということです。そして、ぜひとも、あなた自身に体験してもらい、その素晴らしい世界に触れて欲しいと強く思います。

2時間も挿入したままと書くと、2時間ずっとピストンしていると思われるかもしれませんが、そうではありません。動かないでじっと抱きしめ合ってペニスと膣の触れ合いを味わったり、座位でゆったりと右に左にカラダを揺らして穏やかな摩擦を楽しんだりして、愛を確かめ合います。もちろん興奮が高まってくればピストン運動を速めることもあります。しかしほとんどは射精の手前で止めて、またスローテンポに戻します。このように、さまざまな変化を楽しみながらの2時間なのです。

こう書くと、また驚かれるかもしれませんが、私は2時間の交接でも射精しないことが珍しくありません。それは、射精しなくとも十分に心もカラダも満たされるからです。愛する女性が目の前で官能する姿は、それだけで私にとって射精よりも気持ちいいことなのです。

イクよりも満たされる悦びや、セックスでしか味わえない幸福感を言葉で表現することはとても難しい作業です。おそらく私には無理です。開き直るわけではありませんが、百聞は一見にしかずで、やはり本当のセックスを体験してもらうしかありません。

そのためには、あなたから男性に「射精の放棄」を伝えてもらう必要があります。そのためにも、女性の意識が変わることがとても大切なのです。

快感は摩擦だけではありません

女性を快感に誘う刺激は、ペニスのピストン運動だけによる摩擦だけではありません。

実は圧迫と振動によるバイブレーションも、摩擦に匹敵する女性の性感にフィットした刺激です。バイブレーション愛撫術は、スローセックスを支える大きな柱のひとつです。

圧迫と振動が気持ちいいことは、多くの女性が無意識的に体験していることでしょう。

幼いころ、枕を股間に挟んでギュッと脚を閉じてみたり、椅子の角に股間を押し当てたり、好奇心旺盛な女性なら、お父さんの電気マッサージ器を試してみた方もいるかもしれません。

けれども、ペニスをしごくマスターベーションの習性から、女性も摩擦が気持ちいいと思い込んでいる男性は、セックスに振動を持ちこんでくれません。振動が女性の性感ルートを開通させる大きな武器であることを、ほとんどの男性は知らないのです。

「でも、私の彼はピンクローターを使ってくれますよ」という女性もおられるかもしれませんね。確かにピンクローターの刺激は振動です。クリトリスとか乳首のような小さな性感帯をピンポイントで刺激するには適した装置だとも思います。しかし、ここで私がいう振動とは、もっと広い意味でのことです。

そもそも私が、振動が摩擦と双璧をなす強力な愛撫法であるという考えに至ったのは、クリトリスやヴァギナ、子宮、Gスポット、そして後で紹介するAスポットやTスポットといった女性器周辺の性感帯を、ひとつの大きな塊として考えるようになったことにあります。

私は、この塊を「マスオーガズム帯」と名づけました。この部分をわかりやすく言えば、づ性が下着をはいたときに覆われる部分全体のことです。一度試しに、カレの手のひらを恥骨部分に押し当てて、ブルブルと振動してもらってください。不思議なことに、カレの手のひらが触れている部分だけでなく、子宮の奥まで気持ちいい感覚を味わえるはずです。

つまりマスオーガズム帯は、そのどの部分からであっても、振動を与えられることで全体に快感が波及するのです。振動が性感脳に伝わって快感の信号がフィードバックするからです。

この真実は、女性の性感帯がそれぞれ単独で存在しているのではなく、すべての性感帯が連動していることの証明でもあります。性感ルートを開くという言葉の意味が、もっとイメージしやすくなったのではないでしょうか。

少し気の利いた男性なら、セックスの際にピンクローターを使ってくれるかもしれません。ですが、ピンクローターのような振幅の小さい振動では、子宮の奥まで快感を波及させることは不可能です。その点、指先であれば、皮膚には弾力がありますから、2センチから3センチといった大きな振幅でマスオーガズム帯の深部にまで刺激を浸透させることが可能です。

どんなにカレが一生懸命に舌でペロペロ舐めてくれても、同じ快感は決して得られません。さらに、振動が大切であるという本当の意味は、摩擦と振動を複合させることで、快感の強さが、1+1=2ではなく、3にも4にも強化されることにあるのです。

開かれるのを待っている女性の性感帯

女性の感度を評価するときに男性が好んで使う言葉に「開発」があります。「オレが初めてだったみたいで、開発するのに時間がかかったよ」とか「すっかり開発済みで、すごく敏感なんだ」なんて感じで、さも得意げに話している男性に心当たりはありませんか。

こういった男性が使う開発という言葉を無意識に信用して、セックスが気持ちよくないのは、「開発されていないから？」なんてあなたが思っていたとすると、これは大間違いです。

20歳以上の健康な女性の性感帯は、いつでも感じられるように準備万端整っています。

具体的に説明しましょう。これまで私は、自分のカラダは「感度が鈍い」のではないかと悩んでいる女性を数多く見てきました。しかしいざマッサージを始めれば、ほとんどの女性が一発で官能し始めます。なにも超能力や魔法を使って、今まで開発されていなかった性感帯を、一瞬にして開いたわけではありません。元々感じる場所を私が愛撫してあげただけです。

こんな例もあります。女性誌のモデルをされている24歳の方なのですが、やはり彼女も男運が悪かったようで、「セックスは痛いもの」だと思い込んでいました。

そんな彼女ですら、たった1日で、ペニスが大好きな女性に変身してしまいました。ちゃんと感じられるカラダに成熟していたことに、本人は気づいていなかったのです。

今まで感じなかった場所が感じるようになったとき、一般の方は、なにかカラダが「変化」したような錯覚を覚えます。けれども実際は、その場所が変化したのではなく、性感ルートが開かれ、本来の能力が覚醒しただけなのです。

すべての女性は全身が性感帯です。もちろん、あなたもそうです。そして、あなたのカラダに無数にある性感帯は、感じる場所も、少し感じる場所も、くすぐったいだけの場所も、まったく感じない場所も、すべてが感じるようにできていて、今か今かと性感ルートが開かれるのを待っているのです。

誰もが絶叫の可能性を秘めています

女性の性感は千人千色です。官能や絶頂のレベルも他人と比較できるものではありません。同じ女性でも、その日の気分や雰囲気によっても変わってくるでしょうし、セックスパートナーが変われば感度の度合いに変化が起きるのは当然のことです。

それでも、女性が自分の性感ルートの開通が、どれくらい進んでいるのかを知る目安は存在します。それが〝絶叫〟という現象です。私の言う絶叫とは、「あ〜ん」なんて可愛らしい声ではなく、まるで獣の雄叫びに近い声のことです。

さて、あなたはセックスでオーガズムに達したとき、絶叫したことはありますか。

「はい」と答えられる女性は、とても幸運です。この幸運にはふた通りの意味があります。

ひとつめは、元々とても感じやすい資質を備えて生まれてきた幸運。ふたつめは女性経験が豊富で、愛戯を十分に施してくれる素敵な男性に巡り合えた幸運です。これは私の経験ですが、絶頂を経験したことのある女性の大多数が前者のタイプでした。世の中には無知で自分勝手な男性で溢れています。後者の「当たり」を引き当てるのは相当に難しいのです。

そして残念ながら、ほとんどの女性が絶叫経験をしていないのが現実です。

理由は、これまで何度も話してきたように、性感ルートが開かれていないからです。

性感ルートを開通させるためには、皮膚に触れるか触れないかの微妙な刺激と、指先から流れる気のエネルギーが必要です。

それを女性に提供できる男性が、皆無といっていいほど少ないのです。

しかし、あきらめてはいけません。ここで真実の話をしましょう。ほとんどの女性は普通に感じることができるという真実です。

問題は、この「普通」の意味を、女性も男性も過小評価し過ぎていることです。

すべての女性が絶叫できるポテンシャルを秘めています。

女性がオーガズムのときに絶叫するというと、「すごい！」とか「なんて淫乱な女性なんだ！」と男性は驚きますが、スローセックスの基準に照らせば、すごいことでも何でもありません。性感ルートが開けば誰もが到達できる、普通レベルの現象なのです。男性はビックリする前に、パートナーの絶叫を耳にしていないことを、男として恥じるべきでしょう。

女性の中には、絶叫から失神に至る「特待生」が存在します。しかし、これは100人に1人いるかいないかの特例です。ですから失神できないからといって、「私は上限までいっていない」などと悩む必要はまったくありません。けれども、絶叫は女性なら誰でも経験できることです。すべての女性に普通のこととして備わっている資質であることを知ってください。

女性の官能美は男性を変えるのです

世の中に蔓延するジャンクセックスは、相手の性器を使ったマスターベーションでしかありません。無知で稚拙なセックスは、ふたりの間に何も生み出しません。それどころか、気持ちよくて当たり前のセックスが苦痛やストレスを伴えば、ひとときの慰めにすらならないのです。気持ちいいセックスができれば、お互いを認め合い、協力し合う感情が強く働きます。

自分に足りない部分を相手と補完し合いながら、男女は高め合うことができるのです。

この相乗効果は何事にも勝るパワーを生み出しますが、気持ちよくないセックス、つまらないセックスでは、まったく逆のことが起こります。お互いの欲求（エゴ）だけがぶつかり合い、愛情までちぐはぐになって、協力するどころか互いに足を引っ張り合うことになります。

おのずとセックスもそれまで以上につまらない行為になっていく悪循環に陥り、出会ったときには確かにあった恋愛感情さえも、消滅していく流れに向かっていくのです。

大人の女性であれば、最悪の事態を招く前に軌道修正をしなければなりません。

「そういうことは男性にしてほしい」あなたはそう思うかもしれません。

確かに、今のセックスはよくも悪くも男性主導型ですから、男性が変わらなければ根本的な解決には至りません。これからあなたに男性を変えるための、とっておきの方法をお教えしましょう。それは女性であるあなた自身が変わるということです。

スクール時代の話をします。当時、セックスのテクニックを磨きたいという男性受講生を、素人の女性モデルさんに協力していただいて実践指導していました。講習はまず私がお手本を見せて、次に生徒さんがモデルさんに実践するという方法で進んでいきます。上手に愛撫できれば、当たり前の話ですが、モデルさんは喘ぎます。

さてここからです。官能するモデルさんを目の当たりにしたとき、男性の態度は劇的に変化します。その日初めて会った女性ですから、恋愛感情などないにもかかわらず、「かわいいねぇ、かわいいねぇ」と、それはもう夢中になってモデルさんを愛撫するのです。完全に情が入ってしまうのですね。もう講習の次のステップに進めないくらい、喘《あえ》ぐモデルさんの虜になってしまうのです。そしてそのとき初めて受講生である男性は、「射精の放棄」と「イカせることにこだわらない」という、スローセックスの二大原則の本当の意味を知るのです。

この話の最大のポイントは、それまでは、ただ顔がかわいいとか、オッパイが大きいとか、そんな表面的な部分でしか女性を見ていなかった男性が、全身で快感を表現する女性を見ることで、本質的な女性の美に気づき、感動を覚えるということです。

あなたに変わってほしいこと。それは男性の愛撫を素直な気持ちで受け入れ、言葉とカラダであなたの優しい気持ちを、男性に伝えてあげてほしいということです。

「そこ、とっても気持ちいい」、「あ、もう少し上のほうかも。うん、そこ、ああ素敵」

こんな感じでいいのです。特別な言葉は必要ありません。今、あなたのカラダに起こっていること、セックスのときにしてほしいことを、そのまま口に出せばいいだけです。

少しあなたが心を開くだけで、彼は今までの何倍もあなたに夢中になって、テクニックを磨いてくれるはずです。なぜなら、すべての女性が絶叫できる才能を備えているように、男性もまた、官能する女性を見て、美しい、愛おしい、大切にしたい、優しくしたいと思う能力が、そのDNAに刻まれているのですから。

セックスは男女の愛を表現する交響曲

愛し合うふたりが紡ぎ合うセックスは、イマジネーションが溢れる、クリエイティブなものであるべきです。しかし実態はどうでしょうか。性欲の塊となった男性はひたすら腰をガンガン振りたて、ものの数分でフィニッシュしてしまいます。そして女性の性を置き去りにして、男性は急速にトーンダウン。若い男性なら回復も早く、女性のおねだりに応えることもできるでしょう。しかし、それから何回戦やったとしても、一回戦の再現にすぎません。女性にしてみれば、同じ曲を何度も何度も巻き戻して聴かされるようなもの。これではいくら彼のことが大好きだったとしても、彼とのセックスがつまらないものに思えてくるでしょう。

腰をガーッとふって、男性がイッたら終わり。

動物の生殖行為なら、それでこの世に生を享けた役割を果たしますが、せっかく人間に生まれてきたのに、動物となんら変わらないセックスなんて淋しいとは思いませんか。

快感を共有してむさぼり合うのが人間の本当のセックスです。セックスにおける男らしさやたくましさを誤解している男性は、とかく激しさを強調します。

では、男女が奏でるセックスの音色はハードロックかハードコアパンクなのでしょうか。まったく違います。同じリズムでひたすらピストンするだけのセックスなど、子どもが遊びで打ち鳴らして面白がっている太鼓にすぎません。楽譜もなければリズムの変化も抑揚もない。

では、本当のセックスとはどういうものでしょうか。私は常々、「セックスは交響曲である」と言い続けています。静かで穏やかな導入部があり、音色やテンポの変化をつけながら静から動の表現へ移行していき、そこでもまた強くなったり弱くなったりして、一瞬最高潮に達したかと思うと、また優しい音色に戻っていく。強い快感を求めるだけではなく、穏やかな官能のなか、交接の途中でもお互いに冗談を言い合ったりして、ひとしきり愛を語らい合った後は、また演奏に戻っていく。こういった、さまざまな調べや会話の融合が、愛の行為と呼ぶにふさわしい、人間本来のセックスのカタチです。

これまでのセックスが、いかに単調で味気ないものであるかということを再認識していただけたでしょうか。

欲望に任せて腰を動かすことは私だってあります。そして私だって、激しい腰使いを続けていればそのままイッてしまいます。人間ですから当たり前の話です。私が、女性を不幸にしている巷の男性たちと根本的に違うのは、私の場合は腰をガンガン動かすのがフィニッシュのときに限定されていないということです。この話をすると皆さん、「目からウロコ」と驚かれますが、スローセックスが日常化している私にとっては普通のことです。

男性が射精すると、どうしてもセックスに区切りがついてしまいます。自分勝手に区切りをつけないでセックスを楽しむ、女性が自分と同じように高まってくるのをゆっくり待ってあげる。そうした意識が私のなかにしっかりとあるため、いつまでも快感をむさぼり合うセックスができるのです。念のために申し上げておきますが、ただ早くイカないように恐る恐る腰を動かしたり、イキそうになると勝手にペニスを抜いてしまったりする男性とはまったく違います。

私がジャンクセックスを否定するのは、短時間では、どうしてもセックスが単調でワンパターンになってしまうからです。

裏を返せば、いつも単調な腰使いをしているから射精が早くなってしまうのです。私がセックスを交響曲にたとえるのは、イクことをセックスの目的にするのではなく、絶頂に至るまでの過程で起きるさまざまなことをすべて楽しんでほしいからです。

今のセックスは、コース料理のメインディッシュだけに目を奪われているようなもの。前菜があってサラダがあって、スープがあって、食後にはデザートもある。食事中の会話、店内のBGM、店員さんとのやりとりなど、それら全部を楽しむことでフルコースの醍醐味が味わえるのです。

いろいろな変化が増えれば増えるほど、ふたりのセックスは豊かになっていきます。

変化とは、結果として女性を傷つけてしまうようなハードな体位や指使いのことをいうのではありません。私が実践しているように、途中でピストンを中断して、お互いに冗談を言い合うような全体を通じての変化こそ、人間だけに許された豊かさです。

そして、その素晴らしさに気づいたとき、あなたのセックスは180度変わります。

セックスの楽しみとは、絶頂の快感ではなく、セックスそのものにあるのです。

全身にあらゆる音色の性感帯が分布しています

性感ルートが開いた女性は、文字通り全身が性感帯と化します。女性の性感ルートを開くためには、「アダムタッチ」を用いて、全身に分布する性感帯にくまなく刺激を加えていきます。「花よ咲いて」と、一つひとつの性感帯にたっぷりと刺激を与えてあげるのです。

ブランド品はお金がかかりますが、愛撫のプレゼントはプライスレスです。

性感ルートが開いて感じやすいカラダに変化すると、ひじやくるぶし、足の甲まで感じるようになります。まさに全身性感帯です。

よく性感帯のことを「ツボ」と表現することがありますが、女性の性感帯の数の多さは、東洋医学のツボの数など比ではありません。小宇宙と称されるように、星の数ほど全身に散りばめられているのです。

女性のカラダに無数の性感帯が存在するということは、これまでもいわれ続けてきたことです。セックス経験の浅い女性や男性でも、知識としては知っているでしょう。肝心なのはここからです。男性には知る由もない、そして女性本人も気づいていない驚愕《きょうがく》の真実があります。それは、無数に存在する性感帯の一つひとつの感じ方が、すべて違うということです。

耳の穴と鼻の穴ではまったく違いますし、手の指と足の指も違います。同じ足の指でも親指と小指ではまったく違う感じ方をします。

そうした違いは、愛撫しているときのリアクションに如実に現れます。微かに吐息が漏れるような淡い快感、アーンという悲鳴がいつまでも続くような快感、ギャーギャーと動物的な喘ぎ声が出てしまう激しい快感、声も出なくなってしまう強烈な快感、弓なりにのけぞってしまうような強い快感、勝手に腰が動き出してしまう快感など本当にさまざまです。

先にセックスを交響曲にたとえましたが、女性のカラダとはまさに、全身にあらゆる音色の楽器が分布しているようなものなのです。この楽器の配列は、女性によってまるで異なります。同じ女性の同じ性感帯でも、耳を例にあげれば、息を吹きかけたときと、指先でなぞったときとでは反応が違います。

刺激の与え方によって、ひとつの性感帯が何種類もの音色を奏でるのです。

イクときにせいぜい「ウッ」という声が漏れる程度の男性の性感とはまったく違うカラダを、神さまは女性に与えたのです。

セックスの豊かさは変化だと言いました。性的な感受性の変化を楽しむことこそセックスの醍醐味です。クリトリスを一点集中したときの快感は、私よりもあなたのほうがよくご存知のはずですよね。しかし、いくら強くてもワンパターンの刺激で得られる快感には限界があります。手のひらを指でなぞられたときの淡い快感、耳に息を吹きかけられたときのゾクゾクするような快感、恥骨に振動を与えられたときの狂おしいような快感……。

味わいの違ういろいろな種類の快感が性感ルートを通って性感脳に伝達されたとき、それらのバリエーションの複合が、新しい快感に転換されていくのです。

ピアノの演奏でも、片手で弾くのと両手を使ってさらに足でペダルを踏むのでは、演奏できる楽曲の種類も、表現の豊かさも全然違ってきますよね。

セックスも同じです。性感ルートを開いて、すべての性感帯がONの状態になってこそ、女性のカラダは、どんな男性をも虜にしてしまう名曲を奏でることができるようになるのです。

実は男も性のコンプレックスに悩んでいます

人間とはわがままで自己中心的な生き物です。どうしても相手のことより自分を優先したり、すべての事象を自分の感情や経験を基準に考えてしまったりしがちです。自我と欲望がむき出しになるセックスにおいて、この傾向は顕著に露出します。

私も、今でこそこうして正しいセックスの有り様を教える側にいますが、スローセックスという理念に到達する以前は、数々の失敗を繰り返してきました。

自分の昔を振り返り、女性の皆さんに知っていただきたい真実があります。

それは、男性も悩んでいるということです。

セックスにおける男性の悩みで一番多いのが、「早漏」です。プライドの高い男性が、下半身の悩みを打ち明けるのは、とても勇気がいることです。それでも、「もっと長くセックスを楽しみたいのです。でも、どうしても我慢できないのです」と、真剣に訴える男性は後を絶ちません。あなたから見れば、下ネタが大好きで、セックスの自慢話が大好きで、品性もデリカシーもなさそうなあの彼らが、実は人知れず性の悩みを抱えているのです。

まさかと思われるでしょうが、本当です。恋バナの大好きな女性たちも、ことマスターベーションの話や自分のカラダの悩みになると、急に貝のように口を閉ざしてしまうのと一緒で、男性もペニスについての悩みはタブーなのです。仲のいい男友達の間でもできません。

自分で自分のプライドに傷をつけるようなことはしたくないからです。

「この前、風俗に行ったらおふくろより年上のおばさんが出てきてさ、もう参ったよ」などといったトホホ話はできても、カラダのコンプレックスや性の悩みについては、女性以上にナイーブかもしれません。

頭もよく、仕事もできて、いつも自信満々に見える男性だって、フタを開けてみれば、早漏や包茎といった深刻な悩みを抱えていることは少なくありません。普段は強い自分を見せている分、相手に自分の弱みを見せたくないという心理が強く働くこともあるでしょう。

女性だけでなく男性も悩んでいます。

いつもあなたの性を置き去りにしてしまう、自分勝手にしか思えない彼も例外ではないのです。

性の悩みは深刻です。深刻であるほど自分の殻に閉じこもってしまいます。悩みを抱えたかわいそうな自分に精一杯で、相手の気持ちを考える余裕までなくなってしまいます。

しかし、悩んでいるだけでは何も好転しません。悩むことと考えることは似て非なるものです。

もしかしたら悩んでいるのは自分だけじゃないのかもしれない。彼も私に話せない悩みを抱えていて、セックスの話ができるきっかけを待っているのかもしれない。

悩んだときこそ、自分だけでなく相手の気持ちに目を向けてください。

こういうふうに考えることができるようになれば、あなたの心も楽になるはずです。

愛されてこそ輝くのが女性の美

私は仕事の関係から、女性の裸に触れる機会が多くあります。そのたびに女性の裸はなんて美しいのだと感動します。私は決してオッパイ星人ではないのですが、衣服を着た女性でも、胸の膨らみを見るとドキドキしてきます。自分でもおかしいのじゃないかと思うのですが、通りを歩く女性の胸がついつい気になって見てしまうのです。

若いころはストリップによく行ったものですが、カブリツキと呼ばれる一番前の席では、かなり年配の男性が、それはもう必死になって若い女性の裸に目をギラギラさせていました。

これほど女性のカラダは男性を魅了し、男心を惹きつけます。もう男性のDNAに刻み込まれた宿命です。孫悟空の頭の輪のごとく逃れられないものなのです。

一方で女性の美は男性から愛されることで、さらに輝きを増していきます。男性に愛され、優しく包み込まれることとで、優しさ・繊細さ・気配り・癒しの能力といった、女性ならではの力が発酵熟成されていくのです。

女性同士では、どんなに仲がよくても美の発酵作用は起こりません。男性と女性の陰陽の因子が引き寄せ合い、絡み合ってこそ起きる自然界の現象です。

女性のカラダには無数の性感帯があり、その無数の性感帯がそれぞれ違う音色や調べで官能するという事実だけをもってしても、女性は「愛されるために生まれてきた生命体」であると思います。

いいえ、そう考える以外に、こんなにも男性とは性感の数も官能のレベルも違うことの説明がつきません。

愛のある気持ちいいセックス。

それは乾いた心に潤いをもたらし、女性の美を今以上に輝かせる、唯一最善の方策なのです。

セックスもトレーニングが不可欠です

人間は幸福をつかむために努力をします。

いい学校に合格したければ一生懸命に勉強をします。スポーツが上手になりたければ練習に精を出します。これは何事でもそうです。料理の腕前でも楽器の演奏でも、スキルアップのためにトレーニングするということは平凡なくらい当然のことです。優秀な成績を残したい、もっと上手になりたいと思えば、トレーニングに費やす時間を長くし、お金をかけ、少しでも効率的なトレーニングができるように工夫をします。これは誰もが経験則として知っていることです。

しかしとても不思議なことですが、問題がセックスになった途端、人はなぜかトレーニングをするという思考が停止してしまうのです。

セックスは愛し合う男女がいればいつでもできます。そして、愛の強さはセックスの快感レベルに大きな影響を与えます。

しかしこの愛という言葉が、「愛さえあれば、とりあえずなんでもOK」のような間違った印象を与えていることも確かです。受験勉強に置き換えてみるとわかりやすいと思います。

「○○大学に合格したい」という気持ちが仮にほかの受験生よりも強かったとしても、気持ちだけでは合格できません。

合格するためには勉強が必要です。

いくら根性があっても、練習をサボっていては肝心のときに力が出せないのと同じ。

愛は大切ですが、愛だけでもダメだということです。

プロ野球選手を見てください。

プロとして活躍するくらいですから、天性の才に恵まれていたことは事実でしょう。けれども彼らは少年野球のころから人一倍の練習をしてきて、その積み重ねで現在の地位を獲得したはずです。そんな彼らでも、トレーニングを怠らないのです。ランニングに汗を流し、何千回何万回と素振りをし、キャッチボールを繰り返して、徹底して基本をカラダに叩き込みます。

それはイチローのような超一流選手でも同じこと。ボールとバットがあれば誰でも野球はできますが、もっと速い球を投げたい、もっとボールを遠くまで飛ばしたいと思ったら、トレーニングを積み重ねて、筋力、体力、スタミナ、そして技術を身につけなければなりません。

そんな一流選手が揃って初めて、観客を熱狂させる白熱の好ゲームが生まれるのです。

ここまで私が口を酸っぱくしてトレーニングの重要性を説くのは、今のセックスがあまりにもお粗末なものだからです。

女性の立場に立てば、「今日はどんな愛し方をしてくれるのだろう」と、期待に胸を膨らませて彼とのセックスを待ち焦がれるどころか、「痛くないかしら」「イケなかったらどうしよう」と、悪い意味でドキドキしなければならないことになります。

セックスにおいてもっとも重要なことは、基本をマスターすることにあります。

確かな技術がなければ性感ルートを開くことはできません。

というと、ものすごい技術が必要と思われるかもしれませんが、スローセックスのそれは誰にでもできるシンプルな技です。

とはいえ、基本となる指の形や、愛撫の圧力やスピードには厳格な正確さが求められます。少しでも形やスピードが狂うと、効果は著しく減少してしまうからです。

ですから、ただ単に技術を頭で覚えるだけではダメです。基本となるテクニックをカラダが覚えるまで何度もトレーニングしなければなりません。

ただ同じ基本トレーニングでも、野球の素振りと違うのは、男性にとってこのトレーニングは決して苦行のような辛いものではないということです。

だって、愛する女性と一緒に楽しんでトレーニングできるからです。

女性の性感帯の反応は正確

性感ルートを開くことで女性のカラダは感じやすくなり、全身が性感帯となります。

これには補足があります。

感度が研ぎ澄まされるのは、あくまでも性感帯であって、性感帯からズレたポイントはいくら愛撫しても反応が乏しいのです。

東洋医学のツボと同じで、ポイントが間違っていれば効果は期待できません。

以前、こんなことがありました。

モデルさんに協力していただいて、30代の男性にGスポットの愛撫法を伝授していたときのことです。

ちなみにこのモデルさんは、当スクールでもずば抜けて性感ルートが開かれた女性で、いったんスイッチがONになれば、乳首だけで、イッてしまう、とても感じやすい女性です。

その日もいつものように、私がお手本を見せた後で生徒さんに実践していただく方法で愛撫法を教授していました。この生徒さんは比較的飲み込みの早い男性で、全身愛撫の講習が終わるころには、モデルさんの性感ルートはすっかり開いた状態になっていました。

いつでもイケる態勢です。

そして、問題のGスポットです。

私がお手本を示すと、彼女は今にも失神してしまいそうな反応を示します。

いざ生徒さんの番になると、さっきまでの興奮状態がウソのように、「あ、そこ違います」

と、ポイントのズレを冷静に指摘するのです。

このように、性感ルートが開かれれば何でもかんでも感じるというわけではありません。

女性のカラダは常に、ものすごく正確な判断をしているのです。

ペニスと子宮頸部がこね合う膣の中

女性であるあなたでも、なかなか知ることのできないヴァギナの内部構造。それについてレクチャーしたいと思います。

膣の内部に子宮頸部があります。

子宮頸部とは、子宮の先端部分です。この形状や長さや大きさが、女性によってさまざまなのです。

通常、ペニスが膣に挿入されると子宮頸部を通り越して入っていきます。するとペニスと子宮頸部がこね合うような格好になり、子宮頸部の先端が亀頭と絶えず擦れる状態になります。これは男性にとって気持ちのいいものです。

いずれにしても膣の内部の世界ですから、実際にどうなっているのかを目で見て確かめることはできません。しかし、座位や騎乗位で女性が腰をローリングさせて、そのときの感触からペニスに当たる感覚をつかむことができます。

ペニスと子宮頸部がこね合う感覚を女性が自分で認識することができれば、男性のピストン運動とはまた違う快感を発見できるはずです。

さらに、自分で自分の気持ちいい場所がわかれば、今までよりも、もっと積極的にセックスに関わることができるようになるのです。

ぜひ一度試してみてください。

男性の愛撫はほめて育てます

ほめられて悪い気がする人はいません。あなただって、「キレイだね」「洋服のセンスがいいね」なんて言われたら、お世辞であってもうれしくなるでしょう。もっとほめてもらえるように、エステに通ったり、おしゃれに気を遣ったりして、美しくなる努力をするはずです。その努力は強制されたものではありませんから、とても楽しいことのはずです。

ほめられてうれしいのは男性も同じ。ほとんどの男性は自分がテクニシャンだなどとは過信していません。誰かにセックスのテクニックを教わったわけではありませんから、大半は自己流です。自分のテクニックは正しいのだろうか、本当に彼女は感じてくれているんだろうかと不安でいっぱいなのです。そんなときに女性から、

「上手よ、すごく感じるわ」

というほめ言葉をもらえば、このひとことで、男性は自信がつきます。うれしくなって、もっと努力しようと思います。こうした男性の操縦術を女性はもっと知るべきなのです。

あなたはセックスのときに、恋人や夫をほめてあげたことがありますか。

もしないとしたら、これまでの男性との関わり方を見直してみる必要があります。

セックスを男性任せにしないということは、なにも女性上位の体位を多用することではありません。セックスにおける「女性らしさ」を忘れず、自分の個性にあったやり方で発揮するということです。

同じ意味で、受け身を楽しむことと、一方的に愛撫を受けることも大きく違います。

男性をうまく自分の手のひらで転がす術、そのひとつが「男性をほめる」ということなのです。

そうした女性らしい心遣いは、「情けは他人の為ならず」のことわざ通り、快感としてあなたのカラダに返ってきます。

スローマスターベーションで感度を高めましょう

クリトリスは、もっとも感じやすい性感帯です。

それと同時に非常にデリケートな部分でもあります。

ですから、少しでも乱暴に扱われると、気持ちいいどころか逆に痛くなってしまいます。

男性から乱暴にクリトリスを刺激されたことがトラウマになってしまい、指で触られることもクンニリングスも受け付けなくなってしまった女性も少なくありません。

とっても悲しい現実です。

女性の性感ルートを開くには、肌に触れるか触れないかの微妙なタッチが効果的です。

このことは女性のカラダを指で愛撫するときの鉄則なのですが、クリトリスは、その最たる部分だと言えます。

女性もマスターベーションをするときは自分の指でクリトリスを刺激しますが、意外と強く擦り過ぎている方がいます。これは早く射精したい男性と同じ心理で、女性も手っ取り早く快感を得ようとするために、どうしても愛撫が雑になってしまいます。

たとえ短時間でイケたとしても、決して深い快感は得られません。

正しい愛撫法をお教えしましょう。

まず、クリトリスの先端に指を軽く当てます。

触れるか触れないかの微妙なタッチです。

そして本当にゆっくりとスローに、小さな小さな円を描くのです。

たったこれだけです。少し気持ちよくなってきたからといって、スピードアップさせたり、力を強くしたりしてはいけません。

最初の動きと速度と圧力を、絶頂を迎えるそのときまで続けてください。

当然、今までのマスターベーションよりもイクまでに時間はかかるでしょう。

それでいいのです。騙されたと思って、30分でも40分でも時間をかけて、ゆっくりゆったりクリトリスを刺激してください。

絶頂のレベルが飛躍的にアップするはずです。

これが性エネルギーを溜めるということです。

水道の蛇口をひねってコップに水を入れる様子をイメージしてください。

時間が短いと、水はコップの底のほうにしか溜まりません。

今までの快感レベルはこの状態だったのです。

では、時間をかけるとどうなりますか。

水はコップの上まできて、ある瞬間に勝手に溢れ出します。

これが絶頂のメカニズムです。

私が提唱するスローセックスの威力を、まずはマスターベーションで体感してみてください。セックスで得られる快感は、その何倍も深くて強烈です。

第3章

セックスが好きになるためのヒント

射精をゴールにしないのがスローセックスです

仕事に追われ、家事に追われ、育児に追われてという、目に見えない時間に振り回されてしまう現代人。

世の中はどんどん便利になっていく一方で、人間関係はますます希薄になっています。

近所付き合いもなく、友達との関係も自分の都合でないがしろにされる昨今。

何が忙しいのかわからないけれど忙しい。

忙しくしていないと気がすまない。

こんな社会がジャンクセックスを生みだしている原因のひとつではないかと私は思うのです。

仕事で疲れているからセックスしたくない。

明日は早朝から大切な会議があるからセックスで余計なエネルギーを消費したくない。

そんなときに限ってセックスをせがんでくるカレ。

しかたなくセックスに応じるけれど、早く寝たい私は、早くカレにイッてほしいと思ってしまう。

こんな女性の意見を耳にすると、彼女自身がジャンクセックスに慣れてしまっているように感じます。

何度でも繰り返して言います。

手っ取り早い快感とは、しょせんは浅い快感にすぎないのです。

そして、ジャンクセックスの反復が、女性からますます本当の快楽を遠ざけていることを女性は知るべきです。

ファストフードのハンバーガーが一番おいしいと思っている現状と同じです。

メキシコ料理、フランス料理、インド料理……、セックスには楽しみがいっぱいあります。

その真実から、あなたは目をそむけてはいけません。

ところで、私は一般男性に、射精を目的としないセックスの意味と意義を、著書やブログを通じて発信し続けています。

これが理解できると、セックスにゆとりが生まれるのです。今までおろそかにしていた愛戯が入念になり、性感ルートが開いていく女性の姿を目の当たりにして、女性を感じさせる喜びを知るのです。

女性は癒され、癒される女性の表情に男性もまた癒され、今まで15分だったセックスが30分、1時間と長くなっていきます。

「セックスに自信がない」と悩んでいたセックス初級者の男性でさえ、たった2、3回の講習でスローセックスの真髄を体感することができます。

まったく難しいことではありません。

何事も最初が肝心といいますが、「射精をゴールにしない」というスローセックスの入口を一歩踏み越えることができれば、あとはもう誰でも本当の快楽と楽しみを手にすることができます。

こんな簡単な最初の一歩を、今まで誰も指摘してこなかったことが、私には不思議なくらいです。

膣でイケないというストレスからの解放

「膣でイケない」という悩みを訴える女性は少なくありません。

私は彼女たちに、「全然気にしなくていいですよ」とアドバイスしています。

膣は、クリトリスとは違い、イキやすい性感帯ではないからです。

ここまで読み進めてこられたあなたは、セックスの本質を理解されつつあると思います。イクことにこだわらず、時間の許す限り愛戯を楽しむことこそがセックスの醍醐味であり、本当の快感を手にするためのメソッドだということが。

すると、ペニスの挿入はペニスによる膣の愛撫なのです。また膣によるペニスの愛撫でもあるのです。

セックスは性エネルギーの充電であると説明しました。

膣とペニスの交わりこそ、愛し合うふたりが性エネルギーを交流し合うのに、もっとも効果的な「愛戯」なのです。

しかし、誤解しないでほしいのは、膣は感じないとか鈍い性感帯だといっているのではないということです。

私には信じられないことですが、いまだに産婦人科医の中には、「膣は感じない」という学説を信じている人がいます。

彼らは、「膣は赤ちゃんが通る〝産道〟であって、ペニスの何倍も大きな赤ちゃんが出てくる出産のときの痛みが軽減されるように、内壁は鈍感に作られている」などと、もっともらしく説明します。

しかしそれは真実ではありません。Gスポットは特Aクラスの性感帯です。

私が発見したTスポットはさらに高感度な性感帯です。

健康な大人の女性なら誰もが絶叫してしまう強烈な性感帯なのです。

そういう真実を知らずに、間違った情報に惑わされて、「膣でイケない」という悩みが、ストレスになってしまうことこそ、私のもっとも心配するところです。

膣でイケるという女性は少数派です。

イケればラッキー、イケなくてもそれが普通なのです。

だから気にする必要なんてまったくありません。

どうか安心して、大好きな彼のペニスの大きさや形や質感を、自分の膣で楽しみながら愛撫してあげてください。

それが一番大切なことです。

セックスはふたりで育てるものです

女性の性感は感情によって大きく左右されます。

さまざまな感情のなかでも愛情の影響は特に大きいといえるでしょう。

好きな男性に触られたら気持ちいい部分も、嫌いな人に触られたら感じないどころか逆に嫌悪感を覚えます。

このように愛はとても大切です。

けれども、「愛さえあれば気持ちいいセックスができる」という思い込みは、気持ちいいセックスをするための〝落とし穴〟になりがちです。

恋愛においてもそうですが、特にセックスの場面では愛を過信してはいけません。

よく、「私と彼はカラダの相性がいいの」という言葉で、ふたりのラブラブ状態をアピールする人がいます。彼女が嘘をついているとは思いませんが、カラダの相性はそんなに簡単に短期間でわかるものではありません。

その証拠に、「相性がいいの」とうれしそうに話していたカップルが一カ月後には別れていたなんて話はよくあることです。

なぜそんな錯覚が起きるのかといえば、セックスをふたりで育てていないからです。

付き合い始めたばかりのラブラブのころは感情の高ぶりがありますから、女性の性感はいつもより研ぎ澄まされて、ジャンクセックスでも気持ちいいと感じてしまいます。

けれども性感ルートが開かれてはじめて得られる本当の快感とは異なりますから、気持ちの高揚が落ち着いてくれれば、ゼロ地点に逆戻りです。

女性と男性では、性欲も性感帯もセックスに対する考え方もまったく違います。

だからこそ、お互いの違う部分を知ったうえで相手を尊重し、違いを認め合うという作業をしなければなりません。

「どこが気持ちいいのか？」

「何をして欲しいのか？」

言葉に出して相手に聞いて、それを実際に試して、相手の反応を確かめながら修正していく必要があります。

そんな試行錯誤の繰り返しのなかから、相手を知り、そして今まで自分でも知らなかった自分を発見していく作業がセックスを育てるのです。

「イク」と「感じる」はイコールではありません

確かに、セックスでイケるかイケないかは重要な問題です。

しかし、男性が射精にこだわるのと同じように、女性もイクことにこだわりすぎると、セックスの落とし穴にハマってしまいます。イケないと悩む女性。なんとか相手をイカせようとして女性のデリケートなカラダを乱暴に扱う男性。こうした歯車の食い違いは、「イク」という現象にウエイトを置きすぎることが引き起こす不幸です。

私の話をしましょう。

私のセックスパートナーは、私と付き合うようになって、イクとかイカないとかにまったくこだわらなくなったと言ってくれます。

それは、私が彼女の性感帯をすべて知り尽くしていて、セックスのときは、彼女のカラダを隅々まで時間をかけてゆっくりと愛してあげることを知っているからです。

この信頼関係があるからこそ、私にも彼女にも余裕とゆとりがもてるのです。

相手の表情や息遣い、体温の変化などを五感すべてで感じ、相手の興奮度や官能のレベルを自分の興奮に転換できる優しい気持ち。それが成熟した大人のゆとりであり、ゆったりとした人間らしいセックスの楽しみ方です。

強い快感だけでなく、淡い快感のなかに身を任せる安らかな幸福感がふたりを包みこんでくれるのです。

イクことと感じること。これはまったく別のことです。その意識が、「イク」ことへのこだわりを捨てさせます。感じている自分を感じる、感じている相手を感じる。

互いの細やかな心配りがふたりの快感や興奮をレベルアップさせてくれるのです。

さらにいえば、イクことを目的にしたセックスの「イク」と、感じることを楽しんだ結果としての「イク」は、同じ「イク」でもそのレベルがまったく違います。

ふたりのカラダを性エネルギーが循環して、互いの性感脳に性エネルギーが充電されて、それが満タンになって初めて起きる爆発現象の絶頂と、性エネルギーの循環もなく充電もない、いわば相手の性器を使ったマスターベーションでしかない「イク」では、その爆発力の違いは雲泥の差なのです。

あなたの官能美はＤＮＡに刻まれています

どんなに強そうにふるまっている男性も、女性に興味がないかのようにクールを気取る男性も、生まれつき男性は女性が大好きです。女性を満足させることで男性は満足する。

これが男性の本能です。男性とは、女性がエロティックに官能する姿に興奮して、ますますあなたを愛してくれる生き物だと理解してください。こんな話をすると、「私に男性を虜にするような魅力なんてない」「エロティックとかいわれても、AV女優じゃないのだから、そんなの無理」と、不安に思われる女性もいるかもしれません。

でも、どうぞ安心してください。

すべての女性のDNAのなかに、男性を虜にする表現力がインプットされているのですから。

以前、男性経験が少ないことをコンプレックスに思っている20代前半の女性が私のもとを訪ねてこられました。

「新しい恋人ができそうなのだけど、経験が少なく、セックスに自信がない」と彼女は言います。本当に純情を絵に描いたようなかわいらしい女性でした。

いつものように私が性感ルートを開いてあげると、官能に身をよじり自分から淫靡《いんび》に腰をくねらせるのです。

ちょっとイタズラ心を出して、「そんないやらしい腰の動かし方をどこで覚えたの?」と聞くと、「そんなの誰にも教わってない。あー、ダメっ、先生、勝手に腰が動いちゃうっ」それはもう、この私が仕事を忘れて彼女に夢中になってしまいそうなほど官能的なダンスでした。

未経験に近いほど性体験が少なく、性感脳も限りなくバージンな彼女。そんな女性でさえも、ひとたび性感ルートが開かれれば、誰かに教わらなくても一発でＤＮＡに刻まれた装置が動き始めるのです。

これは特殊な事例ではありません。女性なら誰もが、彼女と同じ素質を内包しているのです。大多数の女性が、「男性の前で演技をしたことがある」といいます。これは、少しでも男性を満足させてあげようという女性の優しさの現れだと思います。

しかし実は、性感ルートが開いて、女性なら誰もが持っている官能エンジンが高速回転を始めれば、演技をしている余裕などなくなるのです。そして演技よりも遥かにエロティックな本当のあなたが、勝手に表出してくるのです。

もちろん個々の性質があって、声の大きい女性、声が内にこもるような女性、全身で表現するタイプ、静かに反応するタイプなどさまざまですが、そのすべてが男性にとってはかわいくてしかたのない名艶技なのです。

「私にもできるかしら？」なんて心配はまったく不要です。

あなたの官能エンジンが作動したそのとき、恥ずかしくなって、動きを制御しようとしないでください。それこそが、男性を虜にするあなたの最大の魅力なのですから。

気持ちいいセックスはカラダにいい

ごはんがおいしくいただける、ぐっすり快眠できて寝起きもいい。

このような健康の証と同じく、旺盛な性欲も健康のバロメーターです。しかし最近は、セックスレス化の増加に伴い、女性でも40代を過ぎたあたりから、「もうセックスなんかいいわ」と、開き直りというか、セックス自体をあきらめてしまう方がいらっしゃいます。

セックスの頻度にかかわらず、あきらめモードに入った途端、女性ホルモンの分泌は減少傾向に入ります。そして中性化へ向かい、いっきに老化現象が加速していくことになるのです。いくつになってもみずみずしい女性の輝きを保つためにも、気持ちいいセックスをしていることが重要です。

なぜ、気持ちいいセックスがカラダにいいのか。それは「気」に関係があります。気というと、身近なものに気功やヨガがあります。これらは呼吸法などを用いて、気をカラダに巡らす操作をします。太極拳も原理は同じです。広く健康術として知られていますが、気持ちいいセックスは、理屈抜きに全身に気が巡るのです。それも自分の気だけではなく、相手の気のパワーもプラスされて、ホルモンの分泌を促進してくれるのです。

気持ちいいセックスは、自動的に健康を促進してくれるというわけです。

長い時間、ゆったりと互いの気をカラダに巡らせるスローセックスでは、自然とカラダがポカポカしてきます。冷え症の女性でもつま先までポカポカしてきます。

保温効果が持続して健康と美容に効果があります。そのうえ大きな満足と幸福感を得られるのですから、スローセックスは温泉よりも効能があるということです。

巷に氾濫するジャンクセックスでも、激しく腰を動かす男性なら汗をかくこともあるでしょう。しかしこれは気の力ではなく、単に運動によるものです。

セックスが終わっても、女性が汗のひとつもかかないセックスは、ニセ温泉よりも始末の悪い、裏切り行為といえるかもしれません。

遊園地より楽しいセックス

日本語ではセックスのことを「秘め事」ということがあります。

とても奥ゆかしく情緒のある言葉だとは思いますが、ふたりの間に秘密や隠し事があってはいけません。

不満や悩みがあるのなら、言葉や態度でキチンと男性に伝えなければ、男性側もどう頑張ればいいのかわかりません。

もちろん、「そこ、全然気持ちよくないんだけど」とか、「もう、イッちゃったの？」なんてラフ過ぎる言葉遣いは絶対にダメですが、圧倒的多数の男性は、あなたの本音を聞きたがっています。

女性のほうから、してほしいことを言葉に出すのは、はしたないことでも何でもありません。むしろ付き合いだしたばかりのカップルには、一番必要なことです。思ったことを言葉に出せないまま、互いの欲求がぶつかりあうだけのセックスに突入してしまうと、何の進歩も望めません。かえってストレスの原因になります。

セックスについてオープンに話せる環境を作ること。その努力をすることが何よりも大切です。

そして、忌憚《きたん》なく互いの気持ちを伝えられるようになると、セックスは遊園地のように楽しいものだということがわかってきます。

「ねぇねぇ、次はどのアトラクションに並ぼうか？」

「えー、ジェットコースター怖いよぉ、絶対に最後まで手を握っていてね」

セックスもこのくらいオープンな感覚でいいのです。この、あたかも遊園地でデートをしているかのような関係になれば、セックスはガラリと変わります。逆に、これまでイクことにウエイトを置きすぎたセックスは、せっかく遊園地に行ったのにアトラクションがたったひとつしかなかったような状態です。そんなの楽しいはずがありません。

遊園地感覚で、どんどん楽しくトライしてください。そうすればセックスのアトラクションがどんどん増えていって、ますますセックスが楽しくなってきます。だって、女性のカラダには無数のアトラクションがあるのですから。

繊細な指先が女性の性感を開きます

私たちは異性を愛撫するときに、指や舌を使います。指と舌、どちらが愛撫に適しているかといえば、完全に指の勝利です。近年は手作りのよさを見直す動きがあり、テレビなどでもたびたび職人さんの巧みな仕事ぶりを拝見できます。「最後の仕上げは機械なんかには任せられない」と、指先の感覚だけで鉄板をミクロン単位の正確さで研磨する職人芸を見るにつけ、人間の指先の器用さを再確認させられます。

フェラチオやクンニリングスといったオーラルセックスには、物理的刺激のほかにも、視覚的に興奮する要素があり、これはこれで巧みな技術が要求される素晴らしい愛撫法だと思います。ただ舌の愛撫ではどうしても顔が相手のカラダに接近しすぎるため、愛撫のときに大切な、「相手の反応を目で確かめることができません。

相手の反応を観察できて、舌先の何十倍も器用に、微細な刺激を性感帯に供給できる指先こそ、性感ルート開発の適任者なのです。

そんな器用な指先が、これまでのセックスでは宝の持ちぐされになっていました。それもこれも、これまでは「性感ルートを開く」という概念や方法論を教える人がいなかったからです。指先という最大の武器を男性が使ってこなかったのですから、「私、不感症なのかも？」と不安を抱く女性が多かったのも当然といえば当然の話です。

性エネルギーが性感脳を開きます

女性のカラダは物理的な刺激がなくとも、「気」だけで感じることができます。性感ルートが開いた女性なら、クリトリスに指を軽く触れただけで官能してしまうのです。そう言葉で説明しても、経験したことがない女性には眉唾に聞こえるかもしれません。「気」は肉眼では見えません。それゆえ、幽霊や超能力の類と同じように、インチキ臭いイメージがあることも承知しています。そのマイナスのイメージが少しでも払拭できればと、私は性的な気の作用を、「性エネルギー」という言葉に置きかえて説明しています。

しかし、経験してもらえるまではなかなか信じていただけないもどかしさがあります。けれども、気は実際に存在していて、人間なら誰もが発しています。

私が、あなたにもっともっと気の存在を身近に感じてほしいと願うのは、気を意識することで、セックスの快感が、これまでとはまったく違うレベルになるからにほかなりません。

気には様々な種類がありますが、気のエネルギーはセックスをすることで、性エネルギーに変換されます。

この性エネルギーこそがオーガズムをもたらす源泉なのです。

逆の言い方をすれば、性エネルギーが不足しているとイクことはできません。

世の男性は、いえ女性のあなたも、セックスをただペニスと膣のピストン運動だと思っています。しかしそれはあまりにも短絡的で一面的な認識です。

セックスの本質とは、気による「性エネルギーの交流」です。

愛し合う男女がセックスを通してお互いに触れ合うことで、お互いに性エネルギーを交換する。そこにセックス本来の悦びや醍醐味があるのです。

男性と女性は「陽と陰」の相対的な関係にあります。気のエネルギーも、陽と陰の異なる性質の周波数を持っています。陰と陽が交流することで、気のエネルギーは増幅していき、より強力なパワーを生み出します。よく磁石にたとえられる男女の関係ですが、プラスとマイナスの磁力が最も接近して濃密に相関し合う行為がセックスなのです。

人間の脳は、生涯を通じて3パーセントしか使われないといわれています。

では、その脳が3パーセント以上使えるようになったらどうなるでしょうか。

それは、私のいう「性感脳」にも通じます。

今まで使われてこなかった性感脳が活発に活動したら、女性の快感レベルはどれほどアップすることでしょう。

実は性感脳を開く秘訣が「気」であり、「性エネルギー」なのです。

〝気〟を意識することで性感脳は開かれます

気に敏感な女性の中には、ペニスからメラメラと立ち上る性エネルギーを感じる方がおられます。彼女たちは、ペニスを握ったり、口に入れたりするだけで気持ちいいと言います。

どういう気持ちよさなのかたずねると、「言葉では説明しにくいけれど、性的に気持ちいい感じ」とのこと。男性が射精する瞬間がわかるという方もいます。具体的には、「出る瞬間、エネルギーが顔にパーってかかるような感覚」なのだそうです。

にわかには信じがたい話に聞こえるかもしれません。しかしこの話を紹介したのは、現実にこういう女性がいることを知ることで、あなたにも「気」を意識してもらいたいからです。

男性にフェラチオをしてあげることが好きな女性ならば、無意識に気を感じている可能性がかなり高いと思います。

その無意識を意識に変えていければ、彼の気を受け止めることも難しくはないでしょう。男性のペニスは特に強い気が出る場所ですから、あとは受信する側であるあなたの意識次第です。

今、「気持ち」という言葉を使いましたが、気と気持ちはイコールといっていいほど密接に繋《つな》がっています。

彼のあなたを愛する気持ちと、あなたが彼を愛する気持ちが通じ合い、混ざり合えば合うほど気持ちいいのがセックスなのです。

そしてそのときは、確実にお互いのカラダのなかをお互いの気が駆け巡っているのです。

今までの無意識を意識にシフトチェンジすることは、気持ちいいセックスをするための重要なテクニックであることをしっかりと知っておいてください。

そして、実際のセックスのなかで、相手の気を感じるトレーニングを積み重ねてください。

やがてことさらに「気」を感じようと意識しなくても、自然に相手の気が感じられるようになります。スポーツと同じで、頭で考えなくとも感覚で感じるようになることであなたの性感脳が開かれていくのです。

初恋のときめきが蘇るキスの仕方

あなたはキスをいっぱいしていますか。

キスはセックスの導入部として非常に重要な愛戯であり、最初に互いの粘膜が触れ合う行為です。何事も最初が肝心といいますが、セックスにおけるキスがまさにそれです。

キスは愛情を交わし合う行為です。

キスは、これからふたりを最高の官能世界に導いてくれる「性エネルギーの最初の出会い」なのです。

キスでふたりの思いを増幅させ、増幅した性エネルギーが性感脳に蓄積することで、ツボミ状態の性感脳が開花の準備を始めます。

すなわち、キスでつまずいてしまうと、本来敏感なあなたのカラダの潜在能力を最大限に引き出すことが難しくなるのです。

しかし現状はどうでしょうか。

私には、キスの価値観が下落の一途をたどっているように思えてなりません。平均15分という非常に短い前戯の、そのまた一部に成り下がっています。

セックスとは挿入でも射精でもなく、愛戯を楽しむ行為です。コース料理のようにさまざまな味わいを一つひとつ賞味していくことが、セックスの醍醐味なのです。キスがおろそかになるということは、たった今、前菜が運ばれてきたばかりなのに、「メインの肉はまだ?」というようなものです。これではコース料理を堪能することはできません。

改めて最初の質問に戻ります。

あなたはキスを満喫していますか。あなたのパートナーはキスをいっぱいしてくれますか。

もしも答えがYESでないなら、あなたの今のセックスは、スタートラインにちゃんと立てていないということです。スタートを修正する必要があります。キスの重要性を知り、価値観を見直して、キスを楽しんでください。今の彼が、すぐにあなたのオッパイを求めるようなら、「ダメッ、もっとキスしたい」と、彼に甘えましょう。

射精に突き進んでしまう男性の本能を、あなたがコントロールするのです。

それでは、どんなキスが「気」や「思い」を増幅させてくれるのでしょうか。互いの口のなかに舌を挿入して、激しく舌と舌をからめ合うディープキスは、一見刺激的に映ります。しかしキスはソフトが基本です。これは、特にセックスの導入部では絶対に厳守してほしい、キスの原則です。

濃厚なキスは興奮を誘いますが、男性だけでなく女性までも「挿入がセックス」と、カラダが誤解してしまうのです。キスの重要性を知っても、それが実践できないのでは意味がありません。

理想的なキスとは、感覚的な言い方をすれば、深い感性で楽しむキスです。フルコースの前菜が運ばれてきても、すぐには口をつけずに、目で楽しみ、匂いを楽しみ、そんなキスを心がけてほしいのです。

そして、いきなり唇と唇を合わせるのではなく、相手の唇がどんな形をしているのか、どんな色をしているのか、キスする前に彼の唇を指で触れて感触を確かめるのもいいでしょう。

相手の唇で一句詠めるくらいの「詩的感性」を持って、観賞し、ゆっくりと味わう。そんな感受性を養ってください。

好きな男性の指がカラダに触れただけで、衝撃が走った思春期のころの感覚。その新鮮で強烈な感覚を、今でもあなたの脳は覚えています。

深い感性でキスを楽しむ意義と価値を知れば、今のパートナーとのキスが100回目でも、その日のデートのファーストタッチに初恋のときめきが蘇ってくるはずです。

セックスは官能の悦びを追求するもの

詩的感性でキスを楽しむ。これはスローセックスを実践するうえで重要なポイントです。

深い感性と愛情で、全身全霊を込めて相手のカラダを味わうことができれば、ふたりのいる空間は時が止まったかのように、時間の流れがゆったりとしてきます。毎日のように顔を合わせている彼の顔が、ドキドキするほどあなたの目に新鮮に映るようになります。顔でさえそうですから、彼のたくましく隆起した腕の筋肉や、頼りがいのある厚い胸板、毛深いスネなど、女性とは明らかに違う男性のカラダに、あなたは改めて目を見張ることになるでしょう。

ましてや性器となれば、男性と女性はもうまったく別の生き物です。生命の神秘、そして人間の尊厳に、あなたは気づくのです。

女性と男性、このまったく異質な生命体がとろけ合うのがセックスです。なんて素晴らしくてエロティックなことでしょう。

感受性が豊かになればなるほど、セックスとは単なる肉体と肉体のぶつかり合いではなく、刹那的な快感の追求でもなく官能の悦びを追求するものだと気づくのです。

愛し合う相手がいることの喜び、人間として生まれたことの喜び、女性として愛される喜び、今生きていることの喜び。いろんな喜びを感じられるのが本当のセックスです。

性エネルギーを高めるひとりエッチ

セックスの快感に不可欠な性エネルギー。ひとりでも増幅できる方法をお教えしたいと思います。

最初に、知識として知っていただきたいのが、腰骨の第2、第3腰椎は、性エネルギーが作られる場所だということです。

男性はピストンのときに腰を動かしますが、このとき自然に第2、第3腰椎が動いて性エネルギーが大量に発生し、快感や性的興奮の度合いが高まることで射精へと向かいます。

実は女性のオーガズムもメカニズムは同じで、騎乗位や座位で自分から積極的に腰を動かすことで性エネルギーが増幅されるのです。

この原理を応用したのが、「うつ伏せスタイル」のマスターベーションです。

その方法ですが、まずはうつ伏せ寝の状態で、ややカラダをななめにした半身の体勢になってください。

次に股間に利き手を持っていき、手の甲をベッドにつけて中指を立て、指先をクリトリスの先端に当てます。

そして手の甲をしっかり固定したまま、指は動かさずに、腰を動かしてクリトリスを刺激するのです。

大好きな彼にまたがって騎乗位を楽しんでいるつもりで、リズミカルに腰を動かしましょう。抱きまくらを抱いてやるとイメージが湧きやすいかもしれません。

女性に話を聞くと、床にうつ伏せになって股間を擦りつけたり、枕を脚でギュッと挟んで腰を動かしたりするマスターベーションを、幼いころ、何気ない遊びのなかで覚えた方も多いようです。知らず知らずのうちに性エネルギーの増幅を実践していたわけです。

また、この方法は男性にも有効です。マスターベーションのとき、ペニスを強く握ってしごくのではなく、手で作った輪っかを女性器に見たてて腰を動かします。射精のときの快感が格段に違います。ぜひ彼に教えてあげて、性エネルギー増幅の予習としてご活用ください。

スローセックスは充分な滑走距離が必要

飛行機が飛び立つためには、長い滑走路が必要です。どんなにジェットエンジンが噴射していても、滑走路が短いと重い鉄の塊が空に飛び立つことはできません。このことは、セックスも同じです。

短い前戯、短い挿入時間のジャンクセックスは、滑走距離の足りないプロペラ機のようなものです。男性は10メートルくらい飛んだつもりになっているのかもしれませんが、女性はまったく地面から機体が離れていない状態です。私に言わせれば、ジャンクセックスは自分だけ飛んだような気になっている、お山の大将のようなものです。「昇りつめる」といった言葉を使うようなイキ方は、ジャンクセックスでは不可能なのです。

一方、愛戯に長い時間をかけるスローセックスは、十分な滑走距離があります。性エネルギーが十分に充塡《じゅうてん》されていると、少し飛んだつもりでも富士山を越え成層圏まで飛び出してしまうような快感として跳ね返ってきます。

助走を長くとるということは、愛戯はもちろん、挿入してからも理屈は同じです。挿入したら、とにかくピストンにまい進するものだというのは大きな誤解です。

正しい手順を踏み、性感脳が開いた状態で挿入に至れば、動かなくとも、男性のペニスが入ってきたということだけで、女性は満足感を覚えることができます。

このゆっくりゆったりとした時間が、先ほどから説明している助走距離であり、性エネルギーの交流に大切な時間なのです。ヨガや太極拳の動きを思い出していただくとわかります。とてもゆっくりですよね。ゆったりとした時間感覚のなかで、陰と陽の交流は始まります。裏返して言えば、最初からガンガンやってしまうと、エネルギーの交流が果たされないのです。

彼が腰を動かそうとしたら、「あー、じっとしているだけで気持ちいい。お願い、動かないで、もう少しこのままでいて」と、長い助走を促してください。実践すれば、動かなくても自然と増幅される性エネルギーを、きっと彼も感じ取るはずです。

そしてゆったりとした交接の中で、やみくもに腰を動かしていただけの今までとは違う、あなたの中の深い味わいを知っていくでしょう。ただ時間の長さを競うのではなく、時間をかけて性エネルギーを交流することの本当の意味を知ることが、長時間交接のはじめの一歩です。

大人のオモチャは性感脳を麻痺させる

最近では、バイブレーターやピンクローターといった大人のオモチャを持っている女性も少なくないと聞きます。セックスを楽しむときのバリエーションとしては悪くないのかもしれません。しかし大人のオモチャに依存してしまうことには危惧を覚えます。

機械の強い刺激になれてしまうと、性感脳が麻痺してしまいます。

セックスの醍醐味は、さまざまな種類やレベルの性感を味わい尽くすことにあります。味わうためには、官能の基準を淡い快感に置かなければなりません。

懐石料理のコースでも、最初は薄味なものから出てきて、徐々に味つけが濃厚になっていくから、いろいろな味が楽しめるのです。これがいきなり濃い味では、舌の感覚が麻痺してしまって、微妙な味加減がわからなくなってしまいます。

大人のオモチャも同じで、簡単に言えば刺激が強すぎるのです。

マスターベーションで強い刺激に慣れてしまうと、セックスでも強い刺激を求めるようになります。とにかく強い刺激がほしい。こんな思いが、射精に突き進む男性の本能と不幸にもマッチしてしまい、セックスがジャンクになっていきます。

これでは、味わいも何もあったものではありません。

スローセックスではソフトが基本です。それは、微細な刺激と指先から出る気のエネルギーが性感ルートを開くからです。

まずは、この基本をしっかり理解し、セックスの王道とでも呼ぶべき、本当の素晴らしさを体験してほしいのです。それを知ったら大人のオモチャなど必要ありません。

甘え上手な男性もリードする秘訣

性感ルートを開くには、男性が丹精こめて女性の全身を優しく愛撫しなければいけません。つまり、男性の愛情と協力なしには、「愛されるために生まれた生命体」であるあなたは、その真価を発揮することはできないのです。ですから女性はみんな、男性からたくさん愛してもらうために、男性をリードする術を身につける必要があります。

どうすればいいと思いますか。

それは甘え上手になることです。日本人の男性は愛情表現が下手だとよくいわれますが、これは女性も同じです。日本人の女性は甘えるのがとても下手です。本心では男性に甘えたいと思っているのに、自分が弱い女だと思われないように、虚勢を張っている女性をよく見かけます。しかし、これはとても損なことです。乱暴な言動をたくましいと履き違えている男性のように、女性も「〜らしさ」に対する誤解があるのではないでしょうか。

「甘え上手」になることは、男性に媚びることでもへつらうことでもありません。

個人的には、甘え上手になって男性を意のままに操縦するしたたかさは、女性に必要です。「甘える」という女の武器を、もしもあなたが使ってこなかったのなら、一度試しに彼に甘えてみてください。上司や同僚で試してみてもいいでしょう。

いかに男性が単純な生き物であるかがわかるはずです。その単純さたるや、ちょっとあざといくらいの猫なで声でちょうどいいくらいです。男には、それがかわいい女に映るのです。もしも主婦なら、「きょうもお仕事、お疲れさま」のひとことでもいいのです。

男性は女性のかわいらしい仕草や態度に触れると、女性に優しくしてあげたいという本能が開かれていきます。セックスのときも同じです。男性が、「もっと愛撫してあげたい」「もっと気持ちよくなってほしい」と思うように、あなたが男性をリードするのです。

ムードを大切にする女性からは、たびたび男性に対して、「ムード作りが下手」という不満を聞きます。その前にあなたが、男性がムード作りをしたいと思うようなかわいい女になっているかどうかをチェックしましょう。

たとえばホテルに入って、彼がすぐにテレビのスイッチをつけたら、「ねぇ、電気消して、早くこっちきて」と誘ってみる。もしもふたりでワインを飲んでいるとしたら、「ワイン飲ませて。違うの、あなたの口移しで飲みたいの」なんて甘えてみる。

あなたの心をリラックスさせてくれるのが彼でしかないように、彼の心を開くのも、またあなたしかいないのです。

第4章

セックスに官能する技術

気持ちいいセックスはリラックスから

気持ちいいセックスをするために一番大切なことは、リラックスすることです。相手を信頼してリラックスすることで心が開かれ、性感をつかさどる性感脳が、感じやすいカラダ作りの準備を始めるのです。

リラックスがいかに重要かというのは、その逆を考えればよくわかります。それは緊張状態です。極端な話、ナイフで脅されながら「感じろ!」と言われたとしても、女性のカラダは決して感じません。女性は水の性であると言いました。雄大な大河の流れのようにゆったりとした気持ちになることが、その能力を最大限に発揮するために必要不可欠なのです。

「リラックスが大切」と言葉で書くと、当たり前のことのように思われるでしょう。しかしあまり実践されていないのが現状です。

「今日はイケるかな?」といった不安や、「痛かったらどうしよう」といった過去のトラウマによる緊張などで、最初から気持ちが閉じているケースもあります。

セックスのモチベーションとして、一般的には良いことと思われている、ドキドキ感、興奮・盛り上がり・気持ちの高ぶり・その場のいきおい・期待感といった精神状態も、実際は女性が性感を解放するための落とし穴になっていることが多いのです。

なぜなら、そういった燃えさかるような高揚感は、文字通り火の性である男性の性質だからです。

おのずとセックスが男性ペースになってしまうため、射精というゴールが近くなってしまうのです。

不十分な愛戯、不十分な挿入時間……。

期待が大きかったぶん、セックスが終わったときに女性に残る虚しさも大きくなってしまいます。

そもそも極度の興奮や大きすぎる期待は、女性が一番感じやすいカラダになるために必要なリラックス状態とは別物なのです。

相手を信頼する気持ち、いたわる気持ち、慰安する気持ち、そういったゆったりとした穏やかな状態から、愛情という自然の吸引力でふたりが交わっていく意識が大切です。

具体的には、クラシックジャズなどムードのある音楽を流したり、アロマを焚いたりするのもオススメです。

ふたりに合ったリラックス方法を彼と一緒に模索してみてください。

それは楽しい作業ですし、打ちとけてセックスの話をする、いいきっかけにもなります。

官能の扉を開く愛戯の秘訣

ゆったりと時間をかけることで花開く女性の性感脳。

とにかく早く射精したいという男性の本能。両者の間に生じるギャップが、女性からセックスの楽しみを奪ってきました。

「前戯」という言葉を使わず、新しく「愛戯」という言葉を作ったのも、男女の時間感覚のずれを是正したいからにほかなりません。

ゆったりとした時間の流れに身を置くことは、リラックスにも通じていきます。

しかし、ただやみくもに時間を長くすることがスローセックスではありません。

既存のセックスのまま時間を延長しただけでは、あなたの性感を劇的に変化させることは不可能です。

これまで正しいとされてきたテクニック自体が間違っていたからです。

女性の性感をONにする正しいスイッチの押し方を、今まで誰も教えてこなかったのです。

インドのカーマスートラや、中国の房中術といった、既存のHOW TO SEXの起源とされる古代の性経典ですら教えてきませんでした。

私が人類史上初めて、女性のカラダに秘められた官能の封印を解き放ったのです。

なんだか難しいテクニックのように感じるかもしれませんが、どうぞご安心ください。

少しコツを覚えるだけで誰にでもできる、とても簡単なテクニックです。

性感ルートを開くアダムタッチ

私はこれまで数多くの女性たちを、未体験の官能世界に誘ってきました。

スローセックスの根幹をなす基本テクニックが、今や私の代名詞になった「アダムタッチ」です。

羽毛のようにそっと肌を撫でる愛撫を「フェザータッチ」と呼びます。

しかしこの愛撫法は手から放出される気の性エネルギーで愛撫することから、従来のフェザータッチと区別するために、『アダムタッチ』と命名しました。

実際にやってみましょう。

まず、右の手のひらを太ももの上にのせ水平に約2センチ浮かします。

その位置から5本の指先だけをそっと肌の上に触れます。

ちょうどバスケットボールをつかんだときの手の形がアダムタッチを行う際の基本フォームです。

では、この手の形をキープしたまま、指先であなたの頬に触れてみてください。

産毛に触れるようにそっとです。

どうですか、なにかゾワゾワするような不思議な皮膚感覚がありませんか。

この感覚こそ、深い性的快感に誘うアダムタッチの刺激です。

ゾワゾワと感じるのは、単なる物理的な刺激だけではなく、指先が発する気のエネルギーが作用しているためなのです。

ポイントはタッチ圧です。

指先が肌に触れるか触れないかの微妙なタッチ圧を心がけましょう。

指と肌の間に薄い皮膜があるようなイメージを持つのがコツです。

女性の性感に理想的な刺激を与えてくれます。

実践の際に注意してほしいのは、5本の指先をバラバラに動かさないこと。

よく官能小説などでは、巧みな指使いを、「指が意志を持った別の生き物のようにうごめいて」などと形容することがありますが、決してほめられた技術ではありません。

無秩序な指の動きは、くすぐったく感じさせてしまう要因になります。

アダムタッチ習得の第一歩は、最初に説明した手の基本形を自分の指先に形状記憶させることなのです。

実際にやってみてもらうとわかりますが、指先を動かさないというのは、簡単なようで難しいことです。

動かしてはいけないと意識しすぎると、5本の指先がカチカチになってしまいます。サスペンションの硬い車が、でこぼこ道をうまく走れないのと同じです。

細かな起伏に富んだ人間の皮膚の上を、触れるか触れないかのタッチ圧で、かつスムーズに指先を滑らせるためには、指先の柔軟性が必要です。

心と同じで、指先もリラックス状態でなければなりません。

アダムタッチを一言で言えば、「ゆっくり、やさしく撫でる」ことです。

しかしこれは簡単なようで奥の深い技術です。

だからトレーニングが必要になるのです。彼の指先がアダムタッチの基本形を覚えるまで、何度も何度も反復練習をしてもらってください。

手の動かし方の基本は楕円運動です。背中のような大きな面は大きな楕円を、腰やお尻のような中くらいの面は中くらいの楕円を、手のひらや足の甲などの小さな面は、2〜3本の指を使って小さな楕円をゆっくりと描くように動かします。

太もものような丸みを帯びた曲面は、内側と上面と外側の3つの長方形の面に分けて、ブロックごとに丹念に愛撫していきます。

こうして、頭皮から足の指先まで、あなたのカラダのすべてにアダムタッチを施してもらうことで、性感ルートは開かれていくのです。

そしてあなたは、彼のよき練習パートナーになってあげましょう。彼の上達ぶりを素直な言葉でコーチングしてあげてください。

前にも言いましたが、よいコーチになるコツは、ほめ上手になることです。

セックスを男性まかせにしないとは、こういう部分での協力も意味するのです。

さあ、アダムタッチの威力をカラダで実感してください。

アダムタッチが未知なる官能の世界に誘う

アダムタッチを実践してもらう際には、もうひとつ大きなポイントがあります。

それは指を動かすスピードです。

タッチ圧にも理想的な力加減があるように、スピードにも適正速度があります。それが秒速約5センチです。頭の中で2つ数えて約10センチ進むのが目安です。

実際にやってみるとわかりますが、かなり遅い動きに感じるはずです。

しかし、このじれったいほどゆっくりした指先の動きこそ、微弱な刺激を快感と認識する女性の脳のメカニズムに、もっともフィットした速度なのです。

この速さをコーチ役のあなたは男性に徹底させてください。

アダムタッチを正確に行ってもらえれば、あなたのカラダには間違いなく、今までとは違う反応があらわれます。

性感ルートが徐々に開き、あなたのカラダにもともとインプットされていた官能エンジンが高速回転をし始めるのです。

それは、もともと女性のＤＮＡに刻まれている淫靡《いんび》な肉体表現を、あなたのカラダが取り戻す瞬間でもあります。

そして、そんなエロティックな反応を見せるあなたに、男性も激しく興奮するでしょう。

しかし同時にこの瞬間が、もっとも危険な時間帯でもあります。

というのも、興奮した男性は、秒速５センチの制限速度を守れなくなってしまうのです。

これまで私が教えてきた一般男性の大半が同じ失敗を経験します。

男性は興奮すると、つい手の動きが速くなってしまうのですね。

アダムタッチは、未知なる官能世界の入口です。

強い刺激を求めようとする今までの自分を制御して、全身にアダムタッチを施してもらってください。

頭はホットに、でも指先はクールに。基本の技術からはずれてしまっては、未踏の領域を探訪することはかないません。

背中・脇腹・でん部・ふくらはぎ・くるぶし・足の甲・足の裏・指先……。

今まで男性に十分に愛撫されてこなかった部分はたくさんあるはずです。

正しいアダムタッチによって未知の快感を経験して、あなたが愛されるために生まれてきた生命体であることを実感してください。

スローセックスは深海に沈んでいく官能感覚

――失神、昇天。既存のセックスは、そんな言葉から連想されるように、強烈な快感ばかりが追い求められてきました。

そこには、「強烈な快感を得るには物理的に強い刺激が必要」という間違った思い込みがあったことは指摘したとおりです。

私にとっては、セックスに2時間以上かけるのは普通のことですが、そんな話をすると、たいていの女性は、「えー、そんなの疲れる」といって驚きます。

思うに、その2時間の間ずっと激しくピストンしているのだと誤解しているのです。

こうした反応は、いかにみんなのセックスが、強い刺激にウエイトを置いているかの証明でしょう。

スローセックスの醍醐味は、さまざまな種類の快感を味わい、その幸福感の中で性エネルギーを増幅、蓄積していくことにあります。

私の場合も、2時間もずっと激しいピストンをしているわけではありません。

まだスローセックスを経験したことのない人に、スローセックスの幸福感を言葉で伝えるのはとても難しいことです。

言葉の限界にもどかしさを覚えますが、たとえるなら、深海にゆっくりと沈んでいく感覚です。

穏やかな大海原にたゆたゆと浮遊する男女が、穏やかな愛情に包まれながら、深い海底に海水と同化しながらゆっくりと沈んでいくような感覚。自然の中に身を置く感覚という言い方もできるでしょう。

キスをするときも、愛撫されるときも、挿入されるときも、挿入してからもすべてが、大河の流れのごとく穏やかでゆったりとした自然の大らかさを意識すること。

それが本来の人間の性を最大限に解放していく基本であり、スローセックスの本質です。

スローセックスは、分刻みの日常や都会の喧騒から脱出して、健康な心とカラダを回復させてくれる手段でもあります。

どんな大都会に暮らしていても、我々は大自然の恩恵で生かされていることを忘れないで欲しいのです。そして女性の美しさとは超自然的であるということも。

髪の毛の愛撫が快感に誘うスイッチです

男性から髪の毛を撫でられることを極度に嫌がる女性がいます。男性にとっては何気ない行為でも、女性は見下されたように感じるのか、特にキャリア志向の女性に強く見られる傾向です。確かに職場で上司から「いいコいいコ」なんかされたら、誰だって「子ども扱いしないでよ！」と腹立たしく思うでしょう。もちろんこれは問答無用にセクハラです。

しかし、この拒絶反応が、愛する男性にも向けられていたとしたら、考えを改めてほしいのです。それは女性にとっても、損なことです。

順を追って説明しましょう。

まず、男性が女性の髪の毛を撫でたいと思うのは、人間の本能です。たとえば、犬や猫など毛並みのいい動物を見たら撫でたくなります。そして撫でられた動物も、その愛撫を気持ちよさそうにして喜びます。これはもう自然のメカニズムです。人間だけが例外ではありません。

男性は好きな女性の髪の毛を撫でたいと思い、撫でられた女性は愛情を感じるようにインプットされているのです。幼いころを思い出してください。親から「よく頑張ったね」とほめられたり、保育園で先生に頭を撫でられたりしたら、みんな喜んでいたはずです。

人生のどこかで「不愉快な経験」がトラウマになって、愛する男性の前ですら、素直に可愛い女性の部分を出せなくなってしまっている人は少なくありません。

実は髪の毛は、撫でられることで心が癒され、性感脳が開花するためのスイッチです。

これから始まる男性の愛撫を、効率的に快感に変容していけるかどうかは、髪の毛への愛撫にかかっているといっても過言ではありません。「いいコいいコ」に悪いイメージがある方は、一度リセットして、次項に進んでください。

高感度の性感センサーにチューニングを合わせましょう

リセットしていただけましたか。それでは、まず自分の髪の毛を指で優しく撫でてみてください。どうですか、髪の毛に神経はないのに、触られていることがわかるでしょう。

これは、髪の毛への刺激が毛根に伝わっているからです。髪の毛に触れるか触れないかの微細なタッチでも、ハッキリと触られることが感じられるはずです。この微細な動きを刺激として受け止めることが、アダムタッチの効果を一層絶大にしてくれるのです。

これまでの男性の愛撫はすべてが強すぎました。

その強い刺激が女性の性感の感度の基準になってしまい、女性本来の鋭敏な感度が鈍化し、豊かな感受性を発揮する機会を失っていたのです。料理でも、最初に濃い味つけのものを食べてしまうと、舌が濃い味に慣れてしまい、微妙な味つけや、食材本来の味がわからなくなるのと一緒です。それでは豊かな食生活は送れません。

女性のカラダに分布するさまざまな音色を奏でる性感帯の可能性を引き出すには、微細な刺激を受信できるように、性感センサーをチューニングする必要があったのです。

スローセックスで基準になる最初のスイッチが、髪の毛（毛根）なのです。このチューニングが合えば、しめたものです。よく感じやすい女性のことを「高感度」などと表現しますが、微細な刺激を受信し続けるうちに女性の性感脳は、どんな微弱な信号も受信できる高性能なセンサーに変化していくのです。それは、感じやすいカラダに変化していくということです。

いきなりオッパイを強く揉まれたり、乳首に吸いつかれたり、濡れてもいないのにペニスを挿入されたり。いかに今までのセックスが、女性のメカニズムに無知で、可能性の芽を逆につみとっていたかが、おわかりいただけたと思います。

まず髪の毛の愛撫で微細な刺激にチューニングを合わせてから、アダムタッチの微妙な刺激を全身の性感帯で受信してください。今までのセックス書にある、「最初はソフトに、そして徐々にハードに」などという記述を盲信してはいけません。

女性のカラダが導き出す本当の答えは、「ずっと超ソフトに」です。そして、このずっと超ソフトが、あなたを未知なる官能に誘ってくれるのです。

「強い刺激が一番感じる」と思い込んでいる男性に、微細な刺激の有効性を教えてあげるのには、「顔への愛撫」が適しています。セックスの導入部で、男性の指をとって、ソフトなタッチ圧であなたの頬や唇をなぞらせてあげましょう。顔は高感度な性感帯ですから、それだけであなたも気持ちいいと感じます。必要に応じて多少オーバーアクションも交じえて、気持ちいいことを伝えてください。「こんなに弱いタッチでも感じるんだ」という事実を教えてあげることで、より男性はアダムタッチに励んでくれるはずです。

愛撫は指で、愛情表現は口で

既存のセックス書では、口や舌を使った愛撫法が盛んに指南されています。

しかし性感帯の刺激にもっとも適しているのは、器用な指先です。

私も男ですから、乳首に吸いつきたい、アソコを舐めたいという男性心理は理解できます。

しかし、口での愛撫に一生懸命になりすぎて、肝心のアダムタッチが疎かになっては元も子もありません。

男性の気持ちを理解してあげたうえで、「愛撫は指で、愛情表現は口で」というテクニックの基礎を男性に教えてください。男性にはちょっと酷ですが、アダムタッチを完全にマスターするまでは、キス以外の口での愛撫をおあずけにするくらいでちょうどいいかもしれません。

彼がテクニシャンになるために。あなたの性感ルートが開花するために。

アダムタッチのマスターは必要不可欠な最低条件です。思いやりの気持ちを忘れずに性コミュニケーションを活発にして、ふたりだけのセックスを育てていってほしいと願います。「愛情表現は口で」という意味は、オーラルセックスのことだけではなく、愛し合う男女が交わす言葉の一つひとつにも当てはまります。

クリトリス愛撫は前戯のフィナーレ

あなたは彼から充分な時間をかけてアダムタッチを受けてきました。それによって性感脳は全開し、微細な刺激にも反応できるカラダにチューニングされたのです。そして男性の手から流れ続けた性エネルギーはあなたの全身を巡り、子宮に位置する丹田にそのエネルギーは蓄えられていきました。そこに手を当てるとわかりますが、熱くなっていることに気がつきます。それは気である性エネルギーがチャージされ加熱していることを示しています。

実はこれからがスローセックスの醍醐味でもある、愛戯のフィナーレになります。

女性が求めてやまない絶叫の快感。カラダをのけぞらせて感じまくる快感の極み。その経験はクリトリスへの愛撫によるのです。クリトリスの愛撫こそが、女性の求めてやまない究極のオーガズムをもたらす重要なテクニックなのです。

クリトリスは尿道口の上部のある小さな突起した器官です。この突起物は何のためにあるのでしょうか。それは女性が何度でも何十回でもイクことを可能にする、大切な器官なのです。

クリトリスはオーガズムをもたらすための、高性能な絶頂起爆装置なのです。

アダムタッチでチャージされた性エネルギーは子宮に凝縮します。そして子宮にほど近いクリトリスを刺激することで、クリトリスはスパークして小爆発を起こします。その爆発が子宮に圧縮してチャージされた性エネルギーに核爆発をもたらすのです。爆発した膨大なエネルギーは一気に頭頂を駆けぬけます。これが大絶叫を伴うオーガズムです。

マスターベーションでイクのとはケタ違いの快感がもたらされるのです。

私はあなたに今まで「イクことイカせることにこだわらない」と言ってきました。

しかしセックスの醍醐味は宇宙空間に突入するオーガズムです。オーガズムなくしてセックスの本当の満足は得られません。それをもたらすのがクリトリス愛撫なのです。

あなたがクリトリスで絶頂を迎えるためには、条件があります。それは毅然となって彼に優しく愛撫してくれるように頼むことです。すでに充分にアダムタッチしてくれる彼ならあなたの願いを聞いてくれるはずです。そしてあなたがイクまで愛撫を継続してもらうことです。

自分でするマスターベーションでは3〜5分でイケても、セックスではそう簡単イクことはできません。イクためのシステムが違うからです。女性の平均で15分から20分はかかります。

こころ優しきあなたは20分もクンニさせるのは申しわけないと思うかもしれません。

しかし愛情のある男性は、あなたの官能する姿がうれしいのです。女性をイカせることの喜びのほうが愛撫する大変さより大きいのです。

だから遠慮することなく、彼に身をゆだねて愛撫を受けてください。

またあなたがクリトリスの愛撫を指でしてもらうか、クンニでしてもらうかにかかわらず、愛撫をしてもらううえで重要なポイントがあります。それは皮をしっかり剥《む》いてもらうということです。「皮を剥いたら、よけいに痛くなるのでは」と心配される女性もいるかもしれません。確かにクリトリス自体はとても敏感です。

しかしアダムタッチの延長でソフトに愛撫されれば痛くはありません。小さな豆つぶほどの突起器官を確実にピンポイントで愛撫してもらうのです。なんとなくモゾモゾと愛撫されたのでは、昇りつめることとできません。イライラすることになります。そのためにもクリトリスの正確な位置を彼の目で確認してもらってください。「部屋を暗くしないとセックスができない」という女性がいます。しかしここはある程度、部屋を明るくすることが必要です。

ここで問題なのは男性の荒々しさです。男性のクリトリスの愛撫は、ほとんど無神経で乱暴です。自分のペニスをしごくようにクリトリスを刺激します。緊張と痛みをもたらすだけです。それでは愛撫にはなっていません。愛撫の強さは多少女性によって個人差はあります。

必ず男性に「もっと優しく」「もっと強く」「もっと早く」とあなたの気持ちを伝えてくださ

い。ここであなたが我慢するとオーガズムに至れず、不発に終わります。せっかくの愛戯がトーンダウンしてしまいます。するとこころからの満足を得ることはできません。

愛戯のフィナーレであるクリトリス愛撫。これは必修のテーマです。あなたが絶叫を伴うオーガズムを得るためにも、彼がうまくできるように忍耐をもって取り組んでください。

甘美な愛の空間演出法

現代人の居住環境では、リラックスしてセックスの快感に陶酔することはとても難しいことです。特にマンション住まいで子どもがいる夫婦などは、セックスする場所が自宅にはないし、子どもが目を覚まさないかと気がかりで、せわしない行為に陥りがちです。

セックスを楽しむためには、時間に追われる日常や、周囲の雑音を気にしなくていいふたりだけの特殊な空間を自分たちで作らなければなりません。

別に難しいことを言っているのではありません。私も実行していますが、月に1回でも夫婦でホテルに行く日があるだけで、性生活の潤いはまるで違ったものになります。

しかし、セックスそのものの価値が下がっている今、セックスにお金と時間をかけるという感覚が希薄になっているのでしょう。

スローセックスは時間や空間の概念を超越した愛情の交流です。

そうです、愛し合うふたりがいれば、セックスは日常生活のなかで、すでに始まっているのです。スキンシップはもちろん、相手への思いやりや気遣い、何気なく交わす言葉も、愛の交流そのものです。

なにもベッドの上だけがセックスをする場所ではありません。朝起きて一緒に歯を磨くとか、一緒に犬のお散歩をするとか、そんな何気ない日常にも、自然と潤いが生まれてきます。たとえば、父の日に特別なプレゼントをするよりも、仕事で疲れているお父さんの肩を揉んであげることが何よりの感謝の気持ちになるように、普段の生活のなかで絶え間なく愛情の交流をしていくことが大切なのです。そうした気持ちがあれば、繁華街のラブホテルでさえ一瞬にして甘美な空間に変わります。私のいう演出とは、そういうことです。

女性もキスで挿入を経験する

性の違いは、男性は挿入する側であり、女性は男性を受け入れる側という立場の違いに明確に存在します。これはカラダのしくみの違いであって、不変な性差です。

しかし、それが、明確すぎるがゆえに、愛戯における「攻守」もハッキリと役割分担しなければならないように思うのは間違いです。気持ちいいセックスをするために必要なのは、役割分担ではなく、「相互理解」です。

男性は女性性を、女性は男性性を、互いに少なからず内包しています。明らかに違うふたりに見えても、実は共通する要素を持っているということです。ここにセックスを楽しむための大きなヒントがあります。

男性は能動的、女性は受動的という固定観念を逆転してみることで、つまり逆の立場を経験することで、より深く相手を知り、相手の性に合った愛し方ができるようになるのです。

その具体的な方法が、「女性も挿入を経験してみる」ことです。

私が「ペニスキス」と名づけたエロティックなキスをご紹介しましょう。今からあなたの舌はペニスです。女性の舌をペニス、男性の口をヴァギナに見立てて、キスしながら男性の口内に舌を出し入れしてください。女性の舌が入ってきたら、男性のほうはヴァギナである口を締めつけ女性の舌を吸ってもらいます。いわば口で行うバーチャルセックスですね。

恥ずかしがらずに、挿入する側の男性になりきってイメージの世界で遊んでください。男女が逆転した倒錯感はエロスの境地です。男性も交接される受け身の感覚を疑似体験できます。

ふたりの性感脳にビンビン響いて、互いの性感はレベルアップするのです。

好奇心旺盛なあなたのために、応用編もご用意しました。それが、ペニスキスと交接の併用です。方法はとても簡単。座位で挿入しながらペニスキスを楽しめばいいだけです。

ポイントは、男性がペニスを引くときに女性は舌を入れ、女性が舌を抜くときに男性はペニスを入れること。つまり、上と下で男女の攻守が逆転しているのです。

どうですか、想像しただけで濡れてくるほどエロティックな行為だと思いませんか。

この「男女逆転キス」を楽しむコツは、女性がペニスに見立てた舌を挿入するとき、舌を硬くしないこと。生レバーのようにトロッとした状態をキープしてください。女性は硬いペニスを求めますが、男性は立場が逆転してもやっぱり女性には柔らかさを求める動物だからです。

そして、ペニスキスで男性が経験した女性の舌の柔らかい感触の気持ちよさは、男性が本来の性に戻ったとき、優しい愛撫としてあなたにフィードバックされることになるのです。

ペニスを口に含む自然な方法

女性の中には、フェラチオのタイミングがわからないという人がいます。男性から、「口でして」と言われないと、いつペニスをくわえればいいのかわからないというのです。

逆の場合もあります。シャイな男性にありがちなのですが、どういう流れで女性にフェラチオを要求すればいいのかわからず、女性がしてくれるのをひたすら待っているというケースです。

「私は女だから受け身」と自分で勝手に決めてしまい、服を脱がされた途端にベッドに仰向けになってしまう女性の場合、男性はどうすればいいのか困ってしまいます。

お互いにセックスを相手まかせにしていると、気持ちと行動の不一致が発生して、ストレスの原因になってしまうことも少なくありません。

ここでは、自然な流れで彼のペニスを口に運べて、なおかつ男性があなたを愛しいと思うテクニックを伝授しましょう。

難しいことはなにもありません。ベッドで横になって抱き合ったときに、あなたの頭が彼の腋に入っていくようにするのです。彼の胸よりも下の位置にあなたの頭がくるような体勢になって甘えると、彼は自然とあなたの頭を撫でてくれます。

前にも書きましたが、男性は愛しい人を撫でたい生き物です。そして女性であるあなたは、愛おしい男性に頭を撫でられると、心が愛で満たされて幸福感を覚えます。

ここまでくればあとは簡単。彼の愛を実感しながら、そのまま体勢を下に移動させましょう。自然な流れのなかでスムーズにペニスを口に含むことができます。

男女は平等です。それはベッドの上でも同じです。けれどもほんの少し、あなたのポジションを男性より下にするだけで、女性も男性も、不思議なくらい素直に愛を表現できるようになります。

陰陽の法則、自然の摂理としかいいようがありません。異なる性差が紡ぎ合う「男女和合の法則」として、私たち人間のＤＮＡにインプットされているからなのです。

男を絶叫させるじらしの技術

女性の中にはすぐにフェラチオをしたがる人がいます。というと、ジャンクセックスしか知らない男性はうれしく思うかもしれません。しかしこれは、セックスが始まった途端に女性のアソコを触ったり舐めたりしたくなる男性の裏返しで、スローセックスを楽しむという大前提においてはほめられた行動ではありません。互いの性器に刺激や意識が集中してしまうことで、どうしても短絡的なゴールである射精に突き進んでしまうからです。

男女どちらにも言えることですが、感じることを楽しむテクニックを身につけなければなりません。そのひとつがじらしテクニックです。簡単にいえば、すぐにはペニスを触ったり舐めたりしてあげないということです。ペニスの周辺をもぞもぞと愛撫したり、ペニスをもてあそんだりして、男性の我慢できない表情を楽しみましょう。

オススメなのは、手による「亀頭への愛撫」です。ペニスへの愛撫と聞いて、すぐにフェラチオを連想してしまう女性ほど、身につけてほしいテクニックです。

ただ、直接手で亀頭を愛撫すると、摩擦係数が大きいために滑りが悪く、あまり気持ちよくありません。強く擦りすぎると痛みさえ感じます。そこで準備してほしいのがマッサージ用のオイルです。潤滑油の役割を果たすものとしてはローションがありますが、ローションは少々滑りが良すぎるのですね。それに、使ったことがある方ならおわかりかと思いますが、シャワーを浴びてもなかなかベタベタがとれなくて後始末が大変です。

その点オイルは後始末も簡単ですし、なにより理想的な摩擦係数を提供してくれます。初級者の女性でも、マッサージ用オイルを使うだけでテクニシャン気分を味わえます。

男性を代表していわせていただければ、オイルを使ったフィンガーテクニックは、口での愛撫よりも何倍も気持ちいいのです。

じらしに話を戻します。

実践の際には、ペニスの竿の部分ではなく、亀頭をメインに愛撫してください。手のひらの中央を亀頭の先端に当て、ローリングさせるように刺激するのもＯＫです。

快感が射精感を呼び起こし、徐々に男性は昇りつめていきます。

ペニスはいきり立ち、脈打ち始めます。男性が射精寸前までできたところで、あなたはパッと手を離して愛撫をストップしてください。

そう、寸止めです。

ペニスの根元をつまんでプルプルと左右に震わせてクールダウンさせてもいいでしょう。

そして射精感が落ち着いたところで、また同じことを繰り返します。男性が、「もうイキたい、イカせてくれ！」と音を上げるまで、徹底的にじらしてあげましょう。

こうすることで男性のカラダに性エネルギーが造成され、足先までしびれるような官能を男性も味わうことができます。

つま先が反り返るほどの快感です。

もう男性はたまらなくなって、カラダを仰け反らせて喘ぎはじめます。絶叫は女性だけの専売特許ではありません。男性も、このレベルまでくると悶《もだ》えてしまうのです。

中には女の子のような声を出してしまう男性もいます。

さあ、愛する彼をじらしてじらして、じらし抜きましょう。愛おしいペニスを、ゆっくりと時間をかけて料理してください。男性を感じさせた経験はあなたの自信になります。

攻める楽しさを知ることができます。今まで以上にセックスを楽しむことができるようになれるのです。

男性を官能させる悦びを知りましょう

受け身であることを美徳と考える女性は多いようです。しかし、より多くの性エネルギーを生み出すためには、男女間での性エネルギーのキャッチボールが不可欠です。

男性に全身を隅々まで愛撫されて官能することは、もちろん女性の性エネルギーの高まりを意味しますが、男性を攻める悦び、官能させる悦びを知ると、さらに大きな性エネルギーが作り出されていくのです。そのエネルギーが男性のカラダを循環するうちに増幅され、もっと大きなエネルギーとなってあなたの性感に跳ね返ってきます。

発信する側、受信する側といった規制を解除して、双方向的な愛撫を楽しむことで、ふたりの性エネルギーの総和は飛躍的に増大していくのです。

当たり前の話ですが、性エネルギーの量が増えれば、快感も大きくなります。

一方通行なジャンクセックスでは、ほとんど性エネルギーを増やすことができないため、女性はオーガズムに到達することができず、イッたことがあるという女性も、低レベルの快感しか得ることができなかったのです。

その点、「相互愛撫・相互官能」を基本とするスローセックスは、快感の上限を取り払ってしまいます。今まであなたが経験したこともない、まさに宇宙レベルの快感をもたらしてくれます。

しかし、それだけではありません。スローセックスの本当のすごさは、あなたが今までに経験してきた絶頂よりも、遥かに高レベルの官能が、ずっと続くことにあります。

もっと簡単に言えば、「イク」よりも遥かに気持ちいい快感が、女性によっては1時間、2時間と続くのです。

信じられないと思いますが、本当のことです。

そして、こればっかりは経験してもらうしかありません。

「相互愛撫・相互官能」を実践するためにも、あなたは男性を攻める悦びを知り、男性もまた攻められる悦びを知らなければなりません。

ここではペニス愛撫法を紹介します。

この愛撫法は、後述する「早漏克服法」にも応用できますので、しっかり身につけてください。

ロール亀頭愛撫法

❶ペニスとあなたの手にマッサージ用オイルを馴染ませる。
❷片方の手でペニスの根元を握り、オイルを馴染ませた手のひらの中心を亀頭の先端に当てる。
❸亀頭の側面を擦るように手のひらをロールさせる。
❹そのまま手を離さず、亀頭の裏側を擦りながらローリングさせる。
❺亀頭の裏側を擦りながらローリングさせる。
❻もう一方の亀頭の側面をローリングさせる。

❼元に戻り、またローリングを繰り返す。

指絞り亀頭愛撫法

❶親指と人差し指で輪を作る。
❷亀頭の先端からその輪を下ろす。
❸指の輪で亀頭を擦る。
❹カリの部分を輪が通り過ぎるまで丁寧に擦る。
❺ペニスの包皮が上がって亀頭に被らないように反対の手で根元の皮を押さえながら、指の輪を上げてカリの部分と亀頭を擦る。
❻元に戻り、また繰り返す。

これら2つの愛撫法で、時間をかけてゆっくりとペニスを愛撫します。
イキそうになったら手を休め、しばらくしてまた始めます。
これを何度も繰り返します。
そうすることで、男性が喘ぎ声を出してしまうほど性エネルギーが増幅します。

男性にはプライドを捨ててもらい、役割を交代して女性になりきってもらいます。完全に快感に身を委ねられるように、「恥ずかしがらないで声を出していいのよ」と、エロティックに促してください。

そうすることで男性も本当に喘ぎ始めます。

女性の喘ぎ声に男性が興奮するように、あなたもまた男性の喘ぎ声や興奮した表情に感情が高まっていきます。

この技術をマスターしたら、今度はベッドで横になって抱き合い、キスを楽しみながら互いの性器を愛撫し合いましょう。挿入だけがセックスではなく、相互愛撫によって性エネルギーが循環することを、恍惚の世界で男性も実感できるはずです。

アナル愛撫は羞恥心を捨てる扉

公的な場での羞恥心は大和撫子の美徳です。しかし私的なセックスでは羞恥心を捨てることが、快感に没頭するための必須条件に変わります。お互いが本当の自分をさらけ出して初めて、官能世界の扉は開かれるのです。

ここであなたに質問です。あなたはアナルを男性に舐められたことはありますか。

答えがＹＥＳなら、扉は半分開いています。

続けて質問します。男性のアナルを舐めたことはありますか。最初の答えがＹＥＳでも、ここで脱落してしまう方は多いのではないでしょうか。

アナルは便を排泄するところですから、抵抗があって当然です。女性にとっては、見られるのが一番恥ずかしい部分かもしれません。だからこそ、このタブーをなくすことが、自分をさらけ出し、心を解放させる最速最善の方法になるのです。そして実は、アナルは乳首同様に高感度な性感帯です。経験のある方ならご存知だと思いますが、とても気持ちいい場所です。

それは男性も同じです。男性にフェラチオをするとき、お尻を少し上に持ち上げて、アナルも舐めてあげましょう。「え、そんなことをしたら変態だと思われる」なんて心配をする必要はありません。快感をむさぼり合うのがセックスです。愛し合うふたりの私的空間には、「変態」も「非常識」も存在しません。むしろ自分で勝手に作り出した、基準が曖昧なガイドラインに縛られていることのほうが不幸です。

「変態」という日本語の印象がよくありません。互いの絆を強くするイベントだと考えてください。そうすれば、たとえばお風呂場でオシッコをかけ合ったり、口に含んだりしてみるのもアリになってきます。アナルもオシッコも、日常生活では絶対にありえないことだからこそ、ふたりにとって特別な意味を持つ、愛のイベントになり得るのです。

ただしアナルを舐め合うときは躊躇することがあにようにきれいに洗っておきましょう。

座位はいちばんおすすめの体位

長時間交接を楽しむために最適な体位はなんだと思いますか。それは「座位」です。男性の上体が起きているためリラックスして興奮が抑制され、また大きく腰を動かせないので男性がイキにくくなります。抱き合った体勢なので疲れにくいという利点もあります。顔が向き合っているので、キスや会話を自由に楽しむことができるという意味でも理想的です。

スローセックス初級者はもちろん、上級者でも最大限に活用してほしい基本体位です。

スローセックスにおける長時間交接は、激しい腰使いもあれば、穏やかな腰使いもあり、ときには腰の動きを止めて会話を楽しむなど、いろいろな要素が含まれています。そうやってさまざまな官能に身をまかせながら、互いの性エネルギーを造成し、蓄積していくのです。

先に、私にとって2時間以上の交接は当たり前と書きました。未経験な方にはフルマラソンのように映り、激しく体力を消費するように思うかもしれませんが、実際はその逆です。

エネルギーを交流し合っているので、疲れるどころか、むしろどんどんエネルギッシュになっていきます。無尽蔵にエネルギーが供給される原子炉のようなイメージです。

同じセックスでも、やればやるほどエネルギーを消耗するジャンクセックスとは大きく異なります。ピストンの強弱、振動の強弱、そして腰を動かさずに行う性エネルギーの交流。さまざまな変化があるため、女性のアソコがヒリヒリして痛くなることもありません。

だからこそ、時間さえ許せば、愛する人と何時間でも繋《つな》がっていられる、これまでのセックスでは想像できない長時間交接も可能になるのです。

ところで、巷ではセックスのときにコンドームをつけるかつけないかがたびたび問題にされます。「安全日は生で」「生のほうが気持ちいい」など。

私のように娘を持つ親にとっては危険思想としか思えません。想像に難くないことですが、ジャンクセックスでは貧しい快感しか得られないから、わずか0・0何ミリの皮膜でしかないコンドームが障害物扱いされてしまうのです。

スローセックスで得られるバリエーションに富んだ官能や、上限のない絶頂を一度でも経験すれば、たちまちコンドームの有無など問題ではなくなるでしょう。そしておのずとコンドームは装着すべきという、大人のカップルであれば当たり前の常識が導き出されるのです。

スローセックスの時間の目安

スローセックスの基本は、時間を気にせずに楽しむことです。もちろん現実的には時間の制約はありますが、感覚的には永遠です。なので、時間について言及することは不本意なのですが、スローセックス初心者のための目安として、あえて時間の話をしたいと思います。

それが、「愛戯が30分なら交接は30分」という目標値です。

まずは、前戯15分、挿入5分という今の平均から卒業してください。

何度でも言いますが、そんな短時間で女性が絶頂に至るなど不可能です。

愛戯の30分には、キスやフェラチオなどの時間は含みません。

あくまでも男性からのアダムタッチを全身に限なく受けるための時間です。

慣れないうちは、30分という時間は、男性にとってはとても長く感じられるかもしれません。

しかし、男性の理解と優しさがあれば、難なく達成できる時間です。

また、交接の30分も、基本の体位を座位にすることと、激しく腰を動かすだけがセックスではないことを知れば、多少早漏気味の男性でもクリアできる数字だと思います。

百聞は一見にしかずで、何事も体験してみないとわかりません。

そしてあくまでも時間は目安ですので、わざわざタイマーを用意してセックスを始めることもありません。永遠に続くような時間感覚をで実践してみてください。

愛戯30分、交接30分を普通に楽しめるようになったら初級コースは卒業です。次は、愛戯は1時間、交接は∞（無限大）を目指しましょう。ここからが本当のスローセックスの始まりです。

女性も早漏克服を手伝ってあげましょう

いくらセックスを楽しむ知識を手に入れても、男性のペニスに持久力とスタミナがなければ、本当のスローセックスを満喫することはできません。愛情も時間もたっぷりの愛撫を受けたとしても、挿入から射精までが2、3分では、互いに大きな不満が残ります。

かといって、長持ちさせようと男性が恐る恐る腰を動かすようなセックスは本末転倒です。男性がコンプレックスから解放されて、ゆったりと時間をかけてペニスとヴァギナの触れ合いを楽しむためには、早漏克服は男性の必須課題です。

自分の挿入時間を気にしない男性はいません。長持ちさせることが女性を悦ばせる手段であることを知っているからこそ、早漏は男性にとって大きなコンプレックスになっているのです。しかしその思いとは裏腹に、射精のコントロールは無理とあきらめてしまっている男性が多いのも事実です。

実は私自身、かつては1分と持たない超早漏でした。惨めな思いを何度もしました。自信をなくし、あきらめていました。そんな私ですが、今では一晩中交接していられるほど射精をコントロールすることができます。それはトレーニングをしたからです。

早漏克服は決して容易い課題ではありません。短期間で解決できるものでもありません。けれども正しいトレーニングを実行すれば、確実に持久力がアップしていきます。セックスは愛し合う男女の共同作業です。その意味においても、私は、早漏克服のトレーニングを女性にもサポートしてほしいと考えています。ここでは、私が試行錯誤の末に確立した、男性がひとりでできる早漏克服法を紹介します。彼に教えて、今すぐトレーニングをスタートしましょう。あなたの幸せに直結する大切な問題なのですから。

❶早漏克服のための呼吸法

人間の動きをつかさどる自律神経は、呼吸でコントロールすることができます。ヨガを応用した呼吸法をマスターすることで、副交感神経を優位に立たせ、興奮を抑制することができるようになります。射精をコントロールするために、この呼吸法は必修科目です。

やり方はとてもシンプルです。マスターベーションをしながら次の手順で実践してください。

- 後頭部に肺があり、お尻の穴から吸いあげた空気が背骨を通過するイメージで、鼻から一気に息を吸い込む。
- 鼻から7秒かけてゆっくりと息を吐き出す。
- イキそうになるたびに繰り返す。

ただ、これだけです。息を吸うときのイメージが最初はつかみづらいかもしれませんが、鼻から一気に吸い込むことが何より大切です。

❷ペニス強化トレーニング

・マッサージ用オイルをペニスと手のひらに馴染ませ、手のひらで、亀頭を愛撫します。
・イキそうになったら手の動きを止めて、❶の呼吸法を行い、肛門を10回締める。
・射精感が収まるまで、これを繰り返す。

この2つのトレーニングで、ペニスの持久力は刺激に対して抵抗力がつき、射精をコントロールすることができるようになります。

そして、ここからが女性の出番です。

ペニス強化トレーニングを、あなたの手でサポートしてあげるのです。

ふたりの間にタブーがなくなり、協力してあげることで愛も深まります。

男性の代表としてお願いしたいのは、早漏克服を焦らずに、あたたかい目で見守ってほしいということです。男性は早漏を「恥」だと思っています。あなたのために頑張ってトレーニングしている相手に、「いつになったら長持ちできるようになるの？」なんて態度で接したら、男性のプライドはズタズタです。

具体的には、セックスのときに、「1回目はお口に出してもいいよ。そのかわり2回目は頑張ってね」みたいな優しい提案をしてもらえると、男性はとてもうれしいし、精神的にも楽になって、いっそう克服のために邁進できます。

同時エクスタシーは楽しいセックスのごほうび

射精の放棄と、イクことへのこだわりをなくすことが、スローセックスの入口でした。

しかし、スローセックスの目的と意味を正しく理解して、それが実践できるようになったあなたたちカップルには、冒頭の制約はもう不要です。

スローセックスで、お互いのカラダに蓄積された性エネルギーを爆発させて、〝同時エクスタシー〟という、最高のごほうびをどうぞ受け取ってください。このごほうびは〝愛戯30分、交接30分〟の初級コースでも十分可能です。女性も男性も性エネルギーが、なみなみと水が注がれたコップのような状態になっているため、最後に男性がピストンを加速して射精することで、性エネルギーは爆発します。同時に女性の性エネルギーも同調して爆発し、絶叫しながらエクスタシーに達します。これが同時エクスタシーです。すべてのエネルギーを放出した後は、満たされた幸福感と彼の腕に包まれて泥のような眠りに落ちてください。

既存のセックス書の中には、前戯よりも〝後戯〟が重要などと説くものもあります。

しかしスローセックスに後戯は不要です。というよりも、完全にエネルギーを放出したふたりにここちよい眠りが待っているだけです。実際、スローセックスを実践するようになって、私は一度も〝後戯〟をしたことがありません。それで女性から不満を言われたことも一度もありません。男性も女性も自然と眠りの世界に入っていくだけです。後戯の必要性が重視されるほど、女性は今までのセックスに満足していなかったということなのでしょう。

もう一度言います、スローセックスに後戯は不要です。

離れていても気持ちいい

スローセックスを通じて、セックスの本質が、「性エネルギーの交流」であることが実感できるようになると、相手と離れた場所にいても「気」を感じて気持ちよくなれます。

1メートル離れていても、10万キロ離れていても、相手に「気」が飛んでいって、感じることができるようになるのです。

眉唾物のような話に思われるかもしれませんが、「遠隔セックス」は確実に存在します。すぐには信じられなくて普通です。けれども、こうした事実があることを知っておいてほしいのです。この認識があるだけで、あなたのセックスに好影響がもたらされます。

金沢から来られた女性の話をしましょう。セックスは痛いだけで、早く終わってほしいと思っていた26歳の女性です。自分は不感症ではないかと真剣に悩み、私の元に来られました。しかしセッションをしてみたらなんのことはない、とても高感度な体質。最初から最後までエンドレス状態で官能しっぱなしでした。

彼女に遠距離セックスの話をすると、「ぜひ受けてみたい」ということになって、彼女が金沢の自宅に帰ってから遠距離セックスを試してみました。方法は、東京と金沢で電話をつなぎ、意思疎通をはかりながら、私から彼女に性エネルギーを送るというものです。

断っておきますが、いわゆるテレフォンセックスではありません。互いに性器には触れませんし、エッチな会話もありません。ただ彼女は、私が送る気の性エネルギーを受信するだけです。

彼女はもともと気の感受性に優れた女性だったのでしょう。私が気を送ると、すぐに官能的な反応が始まりました。受話器の向こうから「ア〜ン、ア〜ン」と可愛い喘ぎ声が聞こえてきます。私はただ気を送っているだけなのですが、「気持ちいい、気持ちいい」を連呼し、結局1時間以上も性エネルギーの交流は続きました。後で聞いてみたところ、「二度もイッてしまった」とのこと。実際にあった本当の話です。

「あなたも今すぐ遠隔セックスを試してください」などと言うつもりはありません。

けれども、あなたにとってスローセックスが常識になってくると、遠距離セックスは空想や妄想の類ではなくなってきます。

仕事が忙しくて彼と会えないとか、彼が出張でいないというときに、冗談半分でいいので実験してみてください。何日の何時何分と時間を決めて、同じ時間に相手のことを互いに思い合うのです。エクスタシーを感じなくてもいいのです。けれども、彼と交わした、その瞬間の思いは、空に向かって叫んだ言葉のように、いつまでもこの宇宙を浮遊し続けます。

そして、いつの日か、彼と実際に会って抱き合ったときに、必ず影響を及ぼすのです。

この感覚は、セックスフレンドのような快楽だけを追求する相手では湧き起こりません。深い愛情というバックボーンが必要なのです。カラダだけの関係の男性とのセックスに虚しさしか残らないのは、気持ちいいセックスをするための重要なファクターである気の存在が希薄だからです。

スローセックスで、今まで味わったことのない快感や絶頂を経験すればするほど、知らず知らずのうちに染みついた心の穢《けが》れが浄化され、相手への思いが、愛にまっすぐだったころの自分に戻っていくことに気づくでしょう。

魂の蒸留も、スローセックスの大きな副産物です。

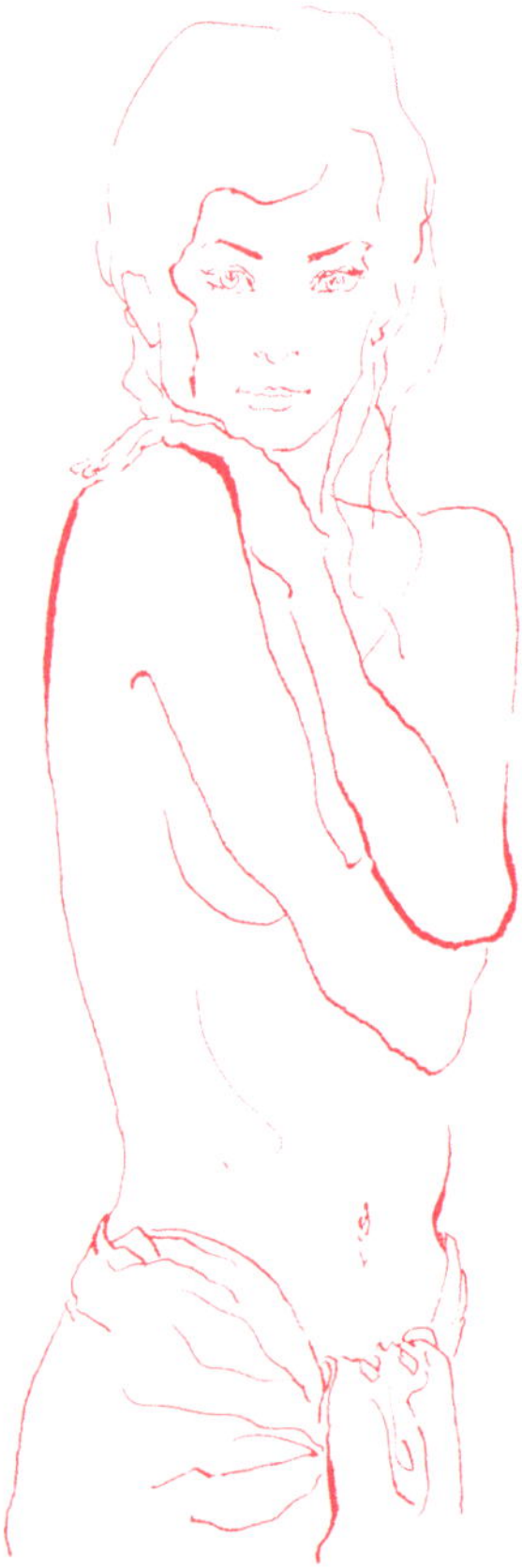

あとがき

セックススクールを運営していたころは、連日、多数の一般女性が受講されました。夫や恋人とのセックスに悩み、自分の性に悩み、相談する相手も行き場もなく、まさに駆け込み寺に救いを求めるように彼女たちはやってきました。

彼女たちの暗い表情の裏にあるのは、セックスで満たされない魂の悲鳴です。

最初は、不安と緊張で身も心も閉ざしている彼女たちですが、カウンセリングで心を開き、セッションで本当の女性の悦びを経験すると、初めてお会いしたときとは別人のように明るい表情になり、「悩みが解消されました。勇気を出してアダム先生にお願いしてよかったです」と、晴れ晴れとした顔でスクールを後にされます。

スローセックスは、今まで味わったことのない高レベルの快感を女性に与えてくれます。この経験は、どんな励ましの言葉よりも女性に自信を取り戻させます。

これまで彼女たちを苦しめていた、「痛い」「感じない」「楽しくない」といったセックスの悩みから解放されるのと同時に、自分のカラダに問題があったわけではなく、彼のテクニックが間違っていたのだという真実に気づくのです。

数年前にセックススクールは閉校、現在はプライベートレッスンを行っています。

本書の内容を正しく理解し、私が開発したテクニックをマスターすれば、誰もがスローセックスを楽しむことができます。

健全な心と健全な肉体の持ち主であれば、１００パーセント気持いいセックスができることを保証します。

素晴らしい官能世界を体験して、あなた本来の美を輝かせてください。

あなたのパートナーである男性もまた、テクニシャンと化して男の自信を漲らせることでしょう。

誰もがそうなれます。

私の提唱するスローセックスは、それほどに「究極の愛のメソッド」なのです。

私は精力絶倫でもなければ特殊能力の持ち主でもありません。

どこにでもいるごく普通の男です。

だからこそ、自分が構築した理論と技術の素晴らしさを実感できるのです。

そして皆さんに、自信をもって推奨できるのです。

スローセックスを実践することであなたは、時間という概念を超越した永遠の愛と、無限大のエクスタシーを手にすることができます。

愛する男性と共に今を生きる喜びを、そして女性として生まれてきた幸福を実感してください。

スローセックスによって、ひとりでも多くの女性が、本来の美しさとエロティシズムを覚醒させていただければ、私にとってこれ以上の幸せはありません。

本書を、世界中の愛すべき女性たちに捧げます。

2018年6月

アダム徳永